원조 유튜브 원어민 강사

마이클쌤의

리얼
영어회화

마이클쌤의 리얼 영어회화

지은이 마이클 엘리엇
펴낸이 임상진
펴낸곳 (주)넥서스

초판 1쇄 발행 2013년 6월 1일
초판 9쇄 발행 2017년 9월 10일

2판 1쇄 인쇄 2019년 6월 1일
2판 1쇄 발행 2019년 6월 5일

출판신고 1992년 4월 3일 제311-2002-2호
주소 10880 경기도 파주시 지목로 5
전화 (02)330-5500 팩스 (02)330-5555

ISBN 979-11-6165-629-8 13740

이 도서의 국립중앙도서관 출판예정도서목록(CIP)은
서지정보유통지원시스템 홈페이지(http://seoji.nl.go.kr)와
국가자료공동목록시스템(http://www.nl.go.kr/kolisnet)에서
이용하실 수 있습니다.
(CIP제어번호 : CIP2019021143)

본 책은 『잉글리쉬 인 코리언』의 개정판입니다.

www.nexusbook.com

원조 유튜브 원어민 강사

마이클쌤의
리얼
영어회화

마이클 엘리엇 지음

넥서스

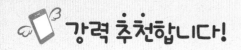

강력 추천합니다!

아이작 더스트 (Isaac Durst)

• 방송인
• EBS Easy English 외 다수 방송 진행
• 〈아이작의 테마토크 120〉, 〈영어회화 멋내기〉 저자

여러분 가까이에 본받을 수 있는 훌륭한 스승이나 친구가 있으세요? 그런 점에서 저는 행운아인 것 같아요. 저한테는 자주 교류를 나눌 수 있는, 제가 정말 존경하는 뛰어난 사람들이 몇 명 있거든요. 그중한 사람이 바로 마이클입니다. 마이클은 자기가 하는 일에 온 정성을 쏟습니다. 그리고 그 일을 정말 잘하기도 하고요. 이 책은 보물 같은 책입니다. 여러분이 부자연스럽거나 잘 쓰지 않는 영어 표현을 공부하는 데 시간을 낭비하지 않도록 마이클이 엄청난 시간을 쏟아부어 만들었지요. 부디 이 책을 재미있게읽어 주시고 웹사이트에서도 계속해서 마이클을 만나 보세요. 항상 행복하고 건강하시기를!

이보영

• 영어 교육가, 방송인
• EBS 모닝 스페셜 외 다수 방송 진행
• 〈이보영의 120분 영어 시리즈〉, 〈이보영의 영어회화 사전〉 저자

마이클 엘리엇 선생님과의 인연은 그리 길지 않지만 그분에게서 배우고 느낀 것의 감동은 그 어떤 친구와의 우정만큼이나 깊고 넓습니다. 이분의 탁월한 한국어 구사력 그 자체도 물론이거니와 끊임없이 공부하고 이를 바탕으로 고생스럽게 영어를 익히려는 우리의 마음을 아주 잘 이해해 주기 때문이죠. 우리가 강의를 들으며 놓치기 쉬웠던, 그러나 정말 필요한 것들을 콕 집어 알려 주시는 마이클 선생님, 늘 놀랍고 감사합니다. 이제 책으로 엮어진 수많은 주옥같은 내용을 저도 열심히 곱씹으며 익혀서 제 것으로만들겠습니다. 마이클 선생님 축하드려요!!

김명호 (Daniel Kim)

- Daum 카페 '나의 외국인 친구들(cafe.daum.net/mylifeinkorea)', 웹사이트 '프렌즈인코리아(www.FriendsInKorea.com)' 운영자
- 〈외국인 친구와 영어로 놀아라〉, 〈트위터 페이스북, 내 영어를 부탁해〉 저자

2004년부터 국내 최대 외국인 친구 사귀기와 언어 교환 모임을 운영해 오면서 지금까지 수천 명의 외국인 친구를 만나고 한국어를 꽤 잘하는 외국인들을 많이 만나 봤지만 마이클은 단연 최고 수준의 한국어 실력을 갖고 있습니다. 이는 마이클의 천성인 꼼꼼함과 우직함 그리고 국내 유수의 일간지 등에서 수년간 번역가로서 쌓은 훈련에서 비롯되었다고 생각합니다. 이렇게 뛰어난 한국어 실력을 바탕으로 마이클은 오랜 기간 아무 대가도 없이 자신의 비용과 시간을 들여가며 온/오프라인에서 무료로 영어 학습을 제공해 왔습니다. 이 책은 그렇게 마이클이 쏟아온 노력들 중에서 핵심적인 내용을 정리한 책입니다. 이 책이 세상의 빛을 보게 되어 그동안 마이클이 쏟아온 노력에 조금이나마 보답을 해 주는 느낌이 들어 한국인의 한 사람으로서 기쁜 마음입니다. 이 책이 많은 한국인들의 영어 학습에 도움이 되길 바랍니다.

썬킴 (Sun Kim)

- 방송인
- EBS English Go! Go! 외 다수 방송 진행
- 〈Try again! 중학교 교과서로 다시 시작하는 영어 발음 듣기〉 저자

안녕하세요! EBS 영어 방송인 썬킴입니다. 제 오랜 친구 마이클 엘리엇 선생님이 한국인이 정말 궁금해하지만 영어로 잘 표현 못 하는 문제들의 답을 모은 책을 내신다고 하니 정말 기쁘게 생각합니다! 마이클은 예전에 제가 진행하는 EBS-FM 생방송 English Go! Go!에 출연하셨는데요. 완벽한 bilingual로서 한국인들이 궁금해하는 모든 영어 문제에 답을 주셨습니다. 이번에 새로 나온 이 책, 강력하게 추천합니다!

독자, 청취자 여러분께

안녕하세요, 여러분!
English in Korean.com에
오신 걸 환영합니다!

한국인들은 왜 영어를 어려워할까?

제가 영어를 잘하게 된 것은 대학에 입학해서였습니다. 물론 제가 미국에서 태어난 영어 원어민이고 어렸을 때 다른 아이들만큼 영어를 잘했지만 제 기준으로 미뤄 보면 어휘력, 표현력, 문법에 대한 지식이 상당히 높아야 어떤 언어를 정말 잘한다고 할 자격이 있다고 생각해요. 미국인이라고 해서 모두 영어 구사력이 뛰어난 것은 아닙니다.

언어학자들이 계속 아이들의 '말랑말랑한' 두뇌의 언어 습득 기능에 대해서 강조하고 나서지만 제 평생에 한 번도 어떤 아이의 뛰어난 말주변에 감탄한 적이 없는 것 같아요. 물론 한국인 초등학생을 미국 공립학교에 보내면 몇 달 만에 놀이터에서 쓰는 영어를 잘하게 될 거고 발음 차이도 많이 안 날 거예요. 그러나 바로 그 말랑말랑한, 아직 성숙하지 못한 두뇌 때문에 높은 수준의 사고력이나 표현력은 없을 거예요. 제가 보기에는 어른이 되어야만 가능한 철저함과 섬세함이 있어야 언어를 잘한다고 말할 수 있을 것 같습니다.

제가 왜 이 말을 하냐 하면 이제 나이 너무 많다고, 언어 배우기엔 너무 늦었다고 낙담하는 사람을 많이 봤기 때문이에요. 절대 영어를 포기하지 마세요. 아이들이 실은 말을 잘하는 게 아니라 기초 중에 기초 표현만 잘하는 거죠. 자기 자신을 젊은 세대하고 차별화하고 싶으면 젊은이들이 무시하는 기초 분법에 더욱 집중하세요. 원어민한테는 발음을 정확하게 하는 것보다 기초 문법을 준수하는 사람들이 더 멋져 보이거든요.

제가 한국에 와서 만났던 영어를 제일 잘하는 세 명을 놓고 보면 공통점이 하나 있었습니다. 세 명 다 중년 아저씨셨는데 두 명은 택시 기사이셨고 한 명은 버스 기사였습니다. 물론 초등학생 때부터 가족하고 떨어져서 필리핀이나 뉴질랜드 같은 외국에서 5년 넘게 살다 돌아온 아이들만큼 발음이 정확하지 않았지만 기초 문법하고 관사는 정확하셨습니다. 그러면서도 매우 겸손하셨습니다. 자기가 어릴 때 원어민 선생님이 한국에 없어서 영어 실력이 안 좋으니 봐달라고까지 하셨어요.

영어 발음 중요하지 않아요!

획기적인 말 하나 할게요. 발음은 그렇게 중요하지 않습니다. 미국에 살면 매일 다양한 발음이 들려와요. 제가 고등학생 때 제일 친한 친구들은 쿠바 사람하고 스웨덴 사람들이었어요. 영어가 전 세계의 공용어가 되면서 다양한 나라 사람들이 영어를 시작했고 미국 사람들이 그만큼 다양한 발음에 익숙하니까 이해하는 데 아무 문제가 없습니다. 다양한 발음을 듣는 걸 재미있게 생각하고, 상대방이 살았던 나라를 들여다볼 수 있는 흥미로운 기회로 봅니다. 미국에서 미국인처럼 '래디오'라고 안 하고 한국식으로 '라디오'라고 해도 알아듣지 못하는 사람이 거의 없으며 따라서 무시하지도 않습니다. 반면에 미국에서 과거에 대해서 말하면서 계속 현재형으로 잘못 쓰고(I go to movie last weekend 등) 여자에 대해서 이야기할 때 he라고 계속 쓰면 우리 보기로는 그런 것은 기초 중의 기초이기 때문에 무시할 수밖에 없습니다. 다시 말해 기초 문법이 가장 중요하다는 것입니다.

한국 사람들은 젊은 사람들이 영어를 제일 잘한다고 생각지만 실은 영어를 잘하려면 집중력과 끈기가 있어야만 합니다. 문법을 존중하고 완벽하게 하려는 마음이 있어야 됩니다. 뜻만 전달되면 문법이 다 틀려도 된다고 생각하고 영어를 공부한다면 결코 유창한 영어를 할 수 없습니다.

'너무 늦었다'라는 건 없다!

저도 기존의 어학 이론을 믿었더라면 한국어를 아예 시작도 안 했을 거예요. 20대 들어서 한국어를 배우기 시작했거든요. 그리고 한국이든 미국이든, 교사가 원어민이든 아니든, 본인이 열심히 공부하고 언어를 존중하겠다는 마음만 가지면 영어는 얼마든지 가능합니다!

마이클 엘리엇

잉글리쉬 인 코리언, 이것이 궁금했다!

하나, 팟캐스트를 시작하게 된 특별한 계기가 있나요?

사이트를 처음 열기로 한 마음과 비슷한 취지였습니다. 무슨 이유로든 영어 교육을 받기 어려운 한국 사람을 위해서 무료로, 어디서나 영어를 배울 수 있는 길을 열고자 하는 의지였죠. 사이트는 이미 거의 반년 해온 상태였는데 무료로 모든 자료를 제공했음에도 불구하고 한국의 영어 교육 분야는 이미 경쟁이 너무 치열해서 제 사이트가 잘 안 알려지고 검색 사이트에서 항상 유료 사이트 훨씬 아래에 묻혀 있었어요. 무료로 제공하고 있는데 사람들이 몰라서 잘 안 오면 뜻을 이루지 못하는 거잖아요. 영어 배우는 방송을 만들면 사람들에게 새로운 매체로 더 많은 도움을 줄 수 있고 방송이 유명해지면 사이트도 더 잘 알려질 거라고 생각했죠. 팟캐스트 첫 편을 녹음할 때 저한테도 한국어로 방송해 보는 것이 처음이라서 큰 기대 없이 그냥 아이패드로 음성 메모 앱에서 빨간 단추를 누르고 옆에 있는 한국 친구랑 영어에 대해서 이야기하기 시작했어요. 생각보다 말이 쉽게 펼쳐지고 청취자들한테도 좋은 반응이 와서 계속 해 왔습니다.

둘, 한국어를 이렇게 잘하게 된 비결은 무엇인가요?

저도 아직 한국어를 완벽하게 하려면 멀었으니까 저한테 무슨 비결이 있다고 할 수 없지만 저 개인적으로 자신감 없이 임하는 자세가 제일 도움이 된 것 같습니다. 항상 제 말을 의심하고 문법에 대해서 고민하고 생각하고 또 생각하는 과정을 거친 다음에만 말을 했어요. 그리고 주변 친구한테도 항상 "이거 맞아요?" "내 말 어디 어색한 부분 없어요?" 이렇게 물어봤어요. 그래서 초기엔 말은 많이 못 했지만 그 대신 틀린 문장을 습관화하지 않을 수 있었어요. 요즘의 영어 학습 대세는 무조건 '자신 있게 말해라' 쪽인데 저는 언어를 존중하면서 '겸손하게 배우자'는 말이 더 맞는 말이라고 생각합니다. 물론 말하기 전에, 글을 쓰기 전에 항상 열 번 생각해야 한다면 기회를 놓칠 때가 많고 답답하겠지만 틀린 말을 연습하는 것보다 낫다고 생각합니다. 틀린 표현이 한번 입에 붙어 버리면 나중에 고치기가 진짜 힘드니까요. 저도 마음을 제대로 표현하지 못하는 답답함을 5년 넘게 버텨야 했어요. 그러나 점점 생각하는 시간이 짧아지고 나중에는 말이 그냥 빨리 나오더라고요. 과거 어느 때보다 더 정보 접근이 쉬워진 오늘날에는 틀린 영어를 쓰는 데 대해 변명할 수 없게 됐어요. Coming soon이 맞는지 comming soon이 맞는지 알고 싶으면 무료 인터넷 영어 사전이나 철자 확인 기능을 쓰면 되는데 우리가 볼 수 있는 영어로 된 간판의 3분의 1 정도는 틀리게 쓰여 있는 것 같아요. 이건 분명히 노력의 문제라고 볼 수 있어요.

셋, 한글과 영어 중 무엇이 더 배우기 어렵다고 생각하나요?

제 경험으로는 한국 사람 앞에서 '한국어가 어렵다'고 하면 "아니 하루 안에 배울 수 있어서 한글을 '아침글'이라고 할 정도로 쉽다"고 하면서 기분이 상해하는 것 같고 '한국어가 쉽다'고 하면 "노란색만 놓고 봐도 표현할 수 있는 말이 '샛노랗다', '누리끼리하다' 노르스름하다' 등등 얼마나 많은데요"라고 말하면서 기분이 상해하는 것 같아서 주로 이러한 일반화를 피합니다. 그러나 사실은 둘 다 상당히 어려운 것 같습니다. 영어에는 동사구, 다의어, 맞춤법, 그리고 철자를 알아도 발음을 모르는 게 어렵고 한국어는 띄어쓰기, 다양한 높임법과 무수한 어미로 동사를 활용하는 게 어려운 것 같습니다.

넷, 한국인들이 영어를 배울 때 가장 잘못된 점 하나만 꼽는다면?

영어를 배울 때 한국어를 배우듯이 하는 게 위험합니다. 한국어보다 영어는 한 단어의 의미를 파악할 때 문맥이 훨씬 중요합니다. 한국어는 동사를 활용해서 의미를 나타내는 언어이고 영어는 단어의 순서와 전치사, 관사를 조절해서 의미를 나타내는 언어입니다. 따라서 한국어의 '만들다'라는 동사가 무슨 문맥으로 나와도 항상 의미는 make로 해석해도 되는데 영어의 make는 항상 '만들다'라고 해석하면 안 돼요. 무슨 말이냐 하면 영어의 make는 I made it으로 나타나면 '나는 성공했다'이고 They're making out으로 나오면 '그들이 키스하고 있다"는 의미입니다. 그리고 He made off like a bandit라고 하면 그는 '큰돈 벌었다'이고 He made off with my watch는 '내 시계를 뺏어갔다'는 말입니다. 이 표현 모두에 make가 들어갔지만 '만들다'와 상관이 없는 의미들이잖아요. 보시다시피 영어를 배울 때 'make = 만들다'처럼 배우면 영어의 핵심을 놓치게 되는 겁니다.

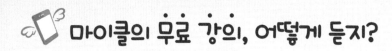 마이클의 무료 강의, 어떻게 듣지?

팟캐스트(Podcasts)

팟캐스트

iOS (아이폰/아이패드) 사용자

① App Store에서 무료 어플인 Podcasts를 다운받습니다.

② Podcasts 어플을 열고 Store(스토어) 버튼를 누른 뒤 검색창에서
방송명 englishinkorean.com(잉글리쉬 인 코리언)으로 검색합니다.
Education(교육) 카테고리의 인기 어플들 중에서도 찾을 수 있습니다.

③ Subscribe(구독)를 누르면 My Podcasts(나의 Podcast)에서 들을 수 있으며,
새 방송이 올라올 때마다 확인할 수 있습니다.

안드로이드 폰 사용자

BeyondPod

① Play Store에서 podcast 어플을 검색합니다.

② 여러 무료 팟캐스트 어플 중에서 하나를 다운받습니다. (BeyondPod 추천)

③ 어플을 설치한 뒤 '+'나 add feed 버튼을 누르고, 검색창에 englishinkorean을
입력하여 찾습니다.

컴퓨터 사용자

① 네이버 검색창에서 english in korean을 검색하면, '사이트' 검색 결과에 English in Korean – iTunes'가 나옵니다.

② 또는 iTunes 프로그램을 컴퓨터에 다운받아 실행한 다음, podcast 중에서 english in korean을 검색합니다.

유튜브(YouTube)

(www.youtube.com/user/EnglishInKorean)

유튜브

스마트폰의 YouTube 어플에서
검색창에 EnglishInKorean을 입력하면 EnglishInKorean's channel을 찾을 수 있습니다.
구독하면 나중에 다시 검색할 필요 없이 바로 새로운 강의 동영상을 볼 수 있습니다.

컴퓨터에서도 유튜브 사이트(www.youtube.com)에 접속하여 englishinkorean을 검색하면
동영상 강의들을 볼 수 있습니다.

무료 학습 사이트 '잉글리쉬 인 코리언(EnglishInKorean.com)'

팟캐스트와 유튜브에 올라오는 동영상 & 음성 강의들은 모두 무료 학습 사이트인
EnglishInKorean.com에서도 들을 수 있으며, 사이트에는 보다 많은 학습 자료들이 있습니다.

학습 사이트

공식 페이스북 EnglishinKorean (www.facebook.com/EnglishinKorean)
트위터 Michael Elliott@EnglishinKorean (twitter.com/EnglishinKorean)

마이클 선생님의 오프라인 특강 신청은 페이스북을 통해서 받습니다. 소규모로 이뤄지는만큼 신청은 선
착순으로 받습니다. 또한 오늘의 표현과 같은 유용한 표현들은 트위터를 통해서 실시간으로 확인할 수
있습니다.

이 책의 구성과 특징

❶ 팟캐스트 방송 제목

앱스토어 인기 팟캐스트인 '잉글리쉬 인 코리언(EnglishinKorean.com)' 방송 중 hot 강의 80여 편만을 엄선했습니다. 강의들은 6개의 Section으로 나누어 정리했으며(한국인들이 특히 구분 못하는 영어 / 한국인들이 잘 모르는 문법, 어휘 / 한국인들이 흔히 잘못 알고 있는 영어 / 우리가 자주 하는 말, 영어로는 어떻게? / 주제별 회화 연습), '오늘의 표현'은 권말 부록으로 구성했습니다. 책의 lesson 제목은 팟캐스트 방송 제목과 똑같지만 강의 순서는 팟캐스트 방송 순서와는 다릅니다. 방송 순서대로 공부하실 분은 248쪽 '팟캐스트 방송 순서대로 정리한 목차'를 참고해 주세요.

❷ QR코드 스캔

'잉글리쉬 인 코리언' 강의는 팟캐스트뿐만 아니라 무료 학습 사이트 www.englishinkorean.com과 유튜브 EnglishInKorean's channel에서도 들을 수 있습니다. 팟캐스트를 구독하시면 책의 lesson 제목과 똑같은 강의 제목을 찾아 방송을 들으실 수 있습니다. 또한 책에는 lesson마다 동영상 강의나 음성 강의를 들을 수 있는 QR코드가 삽입되어 있습니다. '동영상 강의' QR코드를 찍으면 유튜브의 채널로 이동하여 동영상 강의를 볼 수 있고, 'MP3 강의' QR코드를 찍으면 마이클 선생님의 음성 강의를 바로 들을 수 있습니다.

❸ 마이클 선생님의 생생한 설명

책에는 팟캐스트 강의 내용 중에서 주요 부분만을 정리하였습니다. 마이클 선생님의 현장 강의 느낌을 책에서도 그대로 살렸습니다. 팟캐스트 강의를 듣지 않고 책만 봐도 되도록 구성했지만, 마이클 선생님의 강의를 들으면서 공부하면 몇 배의 학습효과를 얻을 수 있을 것입니다.

❹ 마이클의 Tip

영어를 배우는 한국인들에게 꼭 필요한, 그 누구에게서도 들을 수 없는 마이클 선생님만의 진짜 영어 과외를 받을 수 있습니다.

❺ 이렇게 쓰세요!

한국인들이 막상 영어로 말할 때 자주 틀리는 부분을 실제 미국인들은 어떻게 쓰는지, 생생한 표현을 정리한 것입니다. 강의를 들으면서 반복해서 따라 말해 보세요.

❻ 이것만은 확실히!

각 lesson의 중요한 핵심을 다시 간략하게 정리했습니다. 이것만은 확실하게 알아두세요. 다음 lesson으로 넘어가기 전에 다시 한번 배운 내용을 확인합시다.

❼ 오늘의 표현

미국인들이 많이 쓰는 리얼한 현지 영어 표현들을 하나씩 배워 보는 코너입니다. 앞으로 새롭게 올라오는 오늘의 표현들은 마이클 선생님의 트위터를 통해서도 만나볼 수 있습니다.

❽ 미국 문화 엿보기

마이클 선생님이 직접 말해 주는 생생한 미국 문화로, 네이티브가 아니고는 알 수 없는 몸소 겪은 진짜 미국에 대해 알려 줍니다. 다른 웹사이트나 책에서 얻을 수 있는 정보와는 차원이 다른 고급 정보입니다.

나는 이렇게 공부하고 있다!

2년째 마이클 선생님의 팟캐스트를 듣고 있는데 이제까지 내가 얼마나 잘못된 영어 표현들을 사용했는지 절실히 느끼고 있어요. 선생님께서 "미국에서는 이런 말 거의 안 해요"라고 알려줄 때마다 이제는 희열을 느끼고 있답니다. 그리고 '빡세다', '답답하다' 등 영어로 궁금했던 표현들이 너무 많았는데 선생님은 정말 우리 한국 사람들이 궁금해하는 것이 무엇인지 너무 잘 알고 있는 것 같아요. 특히 트위터 오늘의 표현들은 간단해서 정말 유용하게 잘 활용하고 있답니다. 김나겸 님 (직장인)

저는 대구에 사는 팟캐스트 애청자입니다. 아직도 must와 delicious를 남발하시는 분 있으신가요? Students must be diligent라는 말이 왜 어색한지 궁금하다면 마이클의 팟캐스트에서 확인해 보세요! 영어를 잘 못 해서 부끄럽고, 하고 싶은 말을 영어로 표현 못 해 답답할 때, 방 안에 공기까지 탁해서 더 답답할 때, 이럴 땐 살아 있는 영어가 있는 곳 EnglishinKorean.com으로 오세요! English in Korean은 영어를 가장 원어민처럼 말할 수 있도록 정확한 용법과 생생한 어감을 알려주는 곳, 영어 학습에 있어서 가려운 곳을 긁어 주는 해결사입니다. JB Park 님 (대학생)

마이클 선생님의 강의를 듣는 순간 제 15년 넘는 영어 공부 경력(?)에 배신감을 느꼈습니다. 왜 영어는 꼭 영어로 배워야 한다고 생각했는지, 잘 알아듣지도 못하는 원어민 수업을 쫓아다니면서 적응도 못하고 수업도 못 따라가는 이중고를 겪어야 했는지 억울했어요. 하지만 이제라도 알게 되서 참 다행이라 생각했고, 덕분에 아리까리했던 애매한 부분들을 많이 알게 됐어요. 마이클 선생님은 한국인도 아니신데 어쩜 그리 한국인의 답답한 속을 훤히 꿰고 있는지, 듣다 보면 막힌 속이 뻥 뚫릴 때가 한두 번이 아니었어요. 처음 시작은 팟캐스트에서 우연히 들은 것이었지만, 샘의 가르침이 책으로까지 나온다니 정말 기대가 큽니다. 앞으로 많은 학생들이 저처럼 초급자 딱지를 뗄 수 있게 되면 좋겠습니다. 오유미 님 (전문직)

처음에는 마이클 선생님의 인상을 보고 팟캐스트 클릭, 첫 강의를 듣고 구독을 했습니다. English in Korean은 한마디로 간지러운 데를 긁어 주는 귀후비개 같은 존재였습니다. 늘 이런 말은 영어로 어떻게 표현할까 하고 궁금한 점이 많았는데 마이클 선생님의 강의를 듣고 많이 배웠습니다.^^ 앞으로도 좋은 강의 부탁 드리겠습니다. 마이클 선생님 파이팅! 서유빈 님 (대학생)

한국어와 영어를 둘 다 아는 사람만이 가르칠 수 있는 영역이 있다. 보통 그런 선생님은 한국인이기 마련이다. 그런데 미국인이면서 한국어까지 제대로 꿰뚫고 있는 분이 있다면? 미사여구는 필요 없으니, 일단 한 번 들어보시길. 마이클 선생님의 English in Korean 정말 강추합니다! 김영욱 님 (덴마크 거주 학생)

그간 교포나 한국 강사들도 못하던 일을, 수년간 English in Korean을 통해 한국어, 영어 사이의 미묘한 표현을 정확하게 설명한 마이클 선생님의 책이 나온다니, 한국 영어사에 굉장히 환영할 만한 뜻 깊은 일이라 단언합니다. 저도 다른 사람을 가르치는 입장이지만 한 사람의 팬으로서 정말 기대됩니다! Johnny Yang 님 (미국 로스앤젤레스 거주, 어학원 운영)

매일 아침저녁 출퇴근길에 English in Korean 팟캐스트 방송을 듣고 있어요. 나름 초보는 아니라고 자부했건만, 방송을 들으면서 맞다고 생각하고 쓰던 표현들 중에 어색하고 틀린 것들이 많다는 걸 알게 됐어요. 회화 학원 다녀도 선생님들이 일일이 틀린 걸 고쳐주진 않으니까 틀린 표현을 계속 쓰고 다녔던 것 같아요. 마이클 쌤 방송 아니었으면 지금도 그러고 있을 거예요. ㅎㅎ 지금까지는 그냥 듣기만 하다 보니 까먹게 되더라고요. 보고 공부할 수 있는 자료가 있으면 좋겠다는 생각을 했었는데, 드디어 책으로 나오다니 완전 반가워요. 다른 영어 팟캐스트들도 다 들어봤지만, English in Korean 방송이 젤 나은 거 같아요. 마이클 쌤의 English in Korean, 완전 강추해요. 강은정 님 (직장인)

비타민 같은 마이클 선생님의 팟캐스트를 청취한 지 만 2년이 되어가는 여대생입니다~! 제가 팟캐스트를 들으면서 메모했던 노트들은 제 보물 1호가 되었는데 드디어 정리되어 있는 책이 나온다니, 감회가 새로워요~! 특유의 재치와 입담을 자랑하는 마이클 선생님에게 '일상적인 한국어 표현을 영어로'를 통해서 배운 것들은 제게 정말 큰 자산이 되었어요^_^ 틀에 매여 있지 않으면서, 완벽한 구성과 풍부한 내용을 자랑하는 English in Korean! 모든 국민의 사랑을 받는 날까지 전 이 팟캐스트와 함께 할 거예요~!!!!!! 조아영 님 (대학생)

 목차

Section 5 주제별 회화 연습

Section 6 실제 미국인이 많이 쓰는 영어

부록 오늘의 표현

English
in
Korean

한국인들이
특히 구분
못하는 영어

Ignore와 '무시하다'의 차이점

동영상 강의   MP3 강의

Ignore와 '무시하다' 이 두 단어는 비슷하기는 하지만 같은 의미는 아닙니다. Ignore는 '남의 말을 못 들은 척하거나 씹다'라는 뜻입니다.

1 Ignore

'남의 말을 못 들은 척하다'라는 뜻입니다. '내 말을 씹지 마'라고 하고 싶으면 Don't ignore me라고 하면 됩니다.

I feel like my superiors at work **ignore** me. (x)
회사에서 내 상사가 나를 무시하는 것 같다.

I brought up the idea of a raise at my last meeting with the boss, but he completely **ignored** me. It was as if he hadn't even heard me. (o)
나는 지난 회의에서 봉급 인상에 대한 의견을 제시했지만, 내 상사는 나를 완전히 무시했다. 그는 마치 내 말을 듣지 못한 것처럼 행동했다.

2 Overlook / belittle / discount

'남을 우습게 보거나 인정하지 않다'라는 의미에서 '무시한다'라고 할 때는 overlook, belittle, discount를 씁니다.

I've given twenty of my best years to this company, but whenever it comes time for a promotion, I am always **overlooked**.

나는 이 회사에서 전성기 20년을 보냈지만, 승진이 있을 때마다 나는 항상 간과당했다.

Don't **belittle** the financial contributions I've made to this enterprise.

이 사업에 대한 나의 재정적 지원을 과소평가하지 마세요.

One can never **discount** the contributions of Beethoven in cementing the early Romantic movement in Western classical music.

우리는 서양 클래식 음악에서 베토벤이 초기 낭만주의 형성에 기여한 바를 결코 과소평가할 수 없다.

> **Tip** Overlook 간과하다
> Belittle 과소평가하다, 비하하다
> Discount 무시하다, 과소평가하다

이것만은 확실히!

Ignore와 '무시하다'

1 Ignore ~의 말을 못 들은 척하다, ~의 말을 씹다

2 Overlook / Belittle / Discount ~을 우습게 보거나 인정하지 않다

알고 보면 그리 어렵지 않은 by와 until의 사용법

동영상 강의

심지어 프로 통역가로 활동하는 사람 중에도 by와 until을 헷갈리는 사람이 있어요. 그러나 알고 보면 그렇게 어렵지 않아요.

By는 현재 시점에 아직 이루어지지 않은 일이 언제까지 이루어져야 된다고 말할 때 쓰는 단어입니다. 예를 들어 '이 서류 내일까지 기입해야 한다'고 하고 싶으면 by를 쓰는 게 맞겠죠.

반면에 until(= till)은 현재의 상태가 언제까지 계속 이어질 건지에 대해서 말할 때 쓰는 단어입니다. 예를 들어 '오늘 밤 11시쯤까지 계속 공부할 거야'라고 하고 싶으면 until을 쓰면 됩니다.

I have to stay up **by** 3 a.m. tonight. (x)

I have to stay up **until** 3 a.m. tonight. (o)

You need to finish filling out these forms **by** tomorrow.
내일까지 이 양식들 다 작성해 놓으세요.

I'm probably going to keep studying here **till** 11 or so.
난 아마 여기에서 11시쯤까지 계속 공부할 것 같아.

This homework assignment is due **by** tomorrow.
이 숙제는 내일까지 제출해야 합니다.

I'll be busy working on my homework **until** tomorrow.
나는 숙제하느라 내일까지는 바쁠 것 같아요.

I need to be back in the US **by** Dec. 15.
나는 12월 15일까지 미국으로 돌아가야 해요.

I'll be staying in Korea **until** Dec. 15.
나는 12월 15일까지 한국에 머물 거예요.

By와 until 바로 쓰기

1 By 아직 이루어지지 않은 일의 완료되어야 하는 시점을 말할 때

2 Until 현재 하고 있는 일의 끝나는 시점을 말할 때

Know와 Think의 차이점

동영상 강의

MP3 강의

한국어에서는 어떤 것을 예상하고 나서 그 예상이 맞았든지 틀렸든지 상관없이 모두 '~할 줄 알았다'라고 합니다. 하지만 영어에서는 예상이 맞았을 때 쓰는 말과 틀렸을 때 쓰는 말이 다릅니다. 예를 들어 영어로 **"이렇게 될 줄 알았어요"**라고 하고 싶으면 I knew it would turn out like this 하면 됩니다. 반대로 **"이렇게 될 줄 몰랐어요"**라고 하고 싶으면 I thought it would turn out differently라고 하죠.

📶 이렇게 쓰세요!

❶ I **knew** he'd show up, and here he is! Thanks for coming.

나는 그가 올 줄 알았어. 이렇게 여기 있잖아! 와 줘서 고마워.
(그가 올 것이라는 예상이 맞았음)

I really **thought** he would show up. I can't believe he isn't here.

난 정말 그가 올 줄 알았는데. 그가 여기 없다니 믿을 수가 없어.
(그가 올 것이라는 예상이 틀렸음)

❷ I **knew** I'd pass the test. A-plus, baby!

난 내가 시험에 통과할 줄 알았어. 에이 플러스라고!

I really **thought** I'd pass the test. I guess I overestimated myself.

난 정말 내가 시험에 통과할 줄 알았는데. 날 너무 과대평가했나 봐.

현재형이라면 know와 think의 의미가 조금 비슷해요. 미래에 대한 예상이 맞을지 틀릴지는 모르니까요. 그래서 I know he'll show up과 I think he'll show up이라는 두 표현은 기본적으로 같은 의미지만 **더 확실할 때 know**를 쓰죠.

❸ I **know** she'll come back to me. She still loves me.

나는 그녀가 나에게 다시 돌아올 거라는 걸 알아. 그녀는 아직 나를 사랑해.

I **think** it's going to rain. You'd better take this umbrella.

비가 올 것 같아. 우산 챙겨가는 게 좋을걸.

> **Tip** 알고 있는 확률의 %를 매기는 것은 어렵지만 비교적 확실한 것에 know를 씁니다.

이것만은 **확실히!**

Knew와 thought 바로 쓰기

1 **Knew** 과거의 예상이 맞았을 때   **ex** ~할 줄 알았어.

2 **Thought** 과거의 예상이 틀렸을 때   **ex** ~할 줄 알았는데 그렇지 않다.

Wish와 Hope의 차이점

EnglishinKorean.com

Think와 know를 무작정 쓰면 안 되듯이 wish와 hope도 헷갈려 쓰시면 안 됩니다. 동사로 쓸 때 **wish는 현실에 대한 아쉬움**을 표현하는 것이고, **hope는 미래에 대한 희망**을 표현할 때 쓰는 거예요.

예를 들어 한 대학생이 "우리 학교는 너무 숙제도 많고 빡세서 고등학교에 다시 들어온 느낌이 야. 숙제가 이렇게 많지 않았으면 좋겠어"라는 말을 하고 싶으면 wish를 써야 합니다. 현실에 대한 불만이니까요. 영어로 Our school is so demanding, I feel like I'm back in high school. I really **wish** there wasn't so much homework라고 하면 됩니다.

반면에 고등학생이 "대학교만 입학하면 숙제도 별로 없고 매일 친구들과 MT 가고 회식하면서 논다고 들었어. 진짜 그랬으면 좋겠다"라고 말할 때는 주어인 고등학생이 아직 대학교가 어떤지 모르니까 I heard that once you get into college, there's hardly any homework and it's all just department retreats, get-togethers and hanging out with friends. I **hope** that's really what it's like라고 하면 됩니다.

주의할 점은 wish와 hope를 명사로 쓰면 의미는 둘 다 '바람'으로 비슷하다는 것입니다.

I **wish** it wasn't raining. I really wanted to go to the zoo today.

비가 오지 않았으면 좋았을 텐데. 난 오늘 정말 동물원에 가고 싶었어.

I **hope** it doesn't rain tomorrow. I really want to go to the zoo.

내일 비가 오지 않았으면 좋겠다. 난 정말 동물원에 가고 싶거든.

I **wish** this bus wasn't so slow. (버스 타고 있을 때)

이 버스가 이렇게 느리지 않으면 좋으련만.

I **hope** this bus is an express bus. (버스 타기 전에 어떤 버스인지 모를 때)

이 버스가 고속버스라면 좋을 텐데.

I **wish** I had money to buy my girlfriend a nice present for Christmas.

크리스마스에 여자 친구에게 멋진 선물을 사줄 수 있을 만큼 돈이 있으면 좋을 텐데.

I **hope** I can find a nice Christmas present for my girlfriend at a reasonable price.   여자 친구에게 줄 저렴하고 멋진 크리스마스 선물을 찾을 수 있으면 좋겠다.

I **wish** I were a famous celebrity like George Clooney.

내가 조지 클루니처럼 유명한 사람이었으면 좋았을 텐데.

I **hope** I'll be famous someday. 언젠가 유명해지면 좋겠다.

I **wish** that degrees weren't so important in today's society.

오늘날 사회에서 학위가 그렇게 중요하지 않으면 좋을 텐데.

I **hope** that in the future real ability earns just as much respect as a degree.   나중에 실제 능력이 학위만큼 인정받을 수 있게 되면 좋겠다.

이것만은
확실히!

Wish와 hope 바로 쓰기

1 Wish   현실에 대한 아쉬움을 나타내는 말

2 Hope   어떻게 될지 모르는 상황에서 미래에 대한 희망을 나타내는 말

Make up과 Make it

¹ **Make up**

❶ 이야기 등을 지어내다

They **made up** that story. 그들은 그 이야기를 지어냈다.

❷ 화해하다

They **made up** after their fight. 그들은 싸운 후에 다시 화해했다.

❸ 보충하다

They will have a lot of **make-up** work to do after they get back.
그들은 돌아온 후에 보충할 것(과제, 일)이 많을 것이다.

❹ 보답, 보상하다

I was late, but I **made up** for it by working hard.
난 지각을 했지만 열심히 일하는 걸로 대신(보답, 보상)했다.

❺ 화장하다

She got (all) **made up** for the party. 그녀는 파티에 가려고 화장을 했다.

² Make it

① 겨우 살아남다

He didn't **make it** through the night. 그는 어젯밤에 돌아가셨다.

② 고생을 하다가 해내다

We **made it**! 우리가 이겼어(해냈어)!

③ 성공하다

He **made it**. 그는 성공했다.

> **Tip** Made it은 원래 '어디에 (간신히) 도착했다'라는 뜻인데 비유적으로 많은 고생 후에 결국 성공했을 때에도 쓸 수 있습니다.

④ 제시간에 도착하다

He **made it**. (그 사람이) 도착했어.

⑤ (어떤 자리에) 참석하다

I won't be able to **make it** tomorrow. 저는 내일 참석 못 할 것 같아요.

이것만은
확실히!

Make up과 make it

1 **Make up** 이야기 등을 지어내다, 화해하다, 보충하다, 보답·보상하다, 화장하다

2 **Make it** 겨우 살아남다, 고생을 하다가 해내다, 성공하다, 제시간에 도착하다, (어떤 자리에) 참석하다

Even, Even Though, Even If를 이제 맞게 씁시다

(샤이니 선생님과 함께)

MP3 강의

EnglishinKorean.com

한국인들이 영어를 할 때 흔히 하는 실수 중 하나는 **even**을 잘못 쓰는 겁니다. 제가 항상 강조해 왔지만 자기 자신을 돋보이게 하고 싶다면 기초 회화부터 제대로 말할 수 있어야 합니다. 그래서 이번에는 even의 기초적인 사용법에 대해서 알아보겠습니다.

1 **Even if** ~한다고 해도 (가정)

가장 많이 하는 실수 중 하나는 '내가 거기 간다고 해도……'라는 말을 Even I go there…이라고 잘못 쓰는 것입니다. 이 표현은 '(심지어) 나까지 거기에 간다'라는 뜻입니다. 여기서는 '만일 내가 거기에 간다고 가정하면…'이라는 가정의 상황이므로 if를 써서 Even if I go there이라고 해야 맞는 표현입니다.

Even if we leave now, we won't make it in time.
지금 출발한다고 해도 우리 제시간에 도착 못 할 거야.

Even if you apologize to her now, I don't think it'll be enough.
그녀에게 지금 사과한다고 해도 충분하지 않을걸.

2 Even though ~해도, ~이기는 한데 (실제 상황)

Even though는 even if와는 달리 가정이 아닌 **실제 상황에 대해서 이야기할 때** 씁니다. 예를 들어 영어를 잘하는 친구에게 네가 영어를 잘하기는 하지만 대기업에 들어가기에는 충분하지 않다고 말할 때 **Even though** you speak English like a native speaker, it's just not enough to get you hired at a big corporation in this job climate(만약 네가 원어민처럼 영어로 말을 한다고 해도, 요즘 같은 시대에 대기업에 취직하려면 그걸로 충분하지 않아)라고 말하면 됩니다.

Even though I'm your best friend, I can't support you on this issue. 내가 네 절친이기는 하지만 이 문제에 대해서는 네 편을 못 들어줘.

3 Even (심지어) ~까지, ~조차도

마지막으로 많은 사람들이 앞의 두 표현과 헷갈리는 것이 바로 even입니다. **Even**은 '**(심지어) ~까지**'라는 뜻입니다. 예를 들어 나는 감기에 잘 안 걸리는데 이번 유행하는 감기는 너무 독해서 '심지어 나까지 감기 걸렸다'라고 가정해 보세요. 이럴 때 영어로 even을 써서 **Even** I caught a cold this time라고 하면 됩니다.

Even the CEO is going to be at this staff party. I think you'd better attend. 이번 회식에 대표님까지 참석하실 거야. 너도 참석하는 것이 좋을 것 같아.

I'm a native English speaker, and **even** I didn't know that word. 심지어 영어 원어민인 나조차도 그 단어를 몰랐어.

이것만은
확실히!

Even if, even though, even 바로 쓰기
1 Even if ~한다고 해도 (가정)
2 Even though ~해도, ~이기는 한데 (실제 상황)
3 Even (심지어) ~까지, ~조차도

Such와 So를 이제 맞게 씁시다

동영상 강의

한국인들이 자주 틀리는 문법 중 하나가 바로 이 **such와 so의 사용법**인 것 같아요. 그렇게 어렵지 않으니 이 기회에 확실히 정리해 두세요.

자주 틀리는 표현

He's **so** a nice guy. (x)

We're having **so** lovely weather. (x)

Such와 so는 모두 강조하는 말인데, **명사 앞에는 such를 쓰고 형용사 앞에는 so를** 씁니다.

🛜 이렇게 쓰세요!

He's **so** nice. 그는 (성격이) 참 좋아.

He's **such** a nice guy. 그는 참 좋은 사람이야.

She's **so** intelligent. 그녀는 참 똑똑해.

She's **such** an intelligent woman. 그녀는 참 똑똑한 사람이야.

This place is **so** wonderful. 여기 정말 아름답다.

This is **such** a wonderful place. 여기 정말 아름다운 곳이다.

He's **so** amazing. 그는 정말 굉장해.

He's **such** an amazing man. 그는 정말 굉장한 사람이야.

That work was **so** touching. 그 작품은 정말 감동적이었어.

That was **such** a touching work. 그건 정말 감동적인 작품이었어.

That lecture was **so** boring. 그 강의는 정말 지루했어.

It was **such** a boring lecture. 그건 정말 지루한 강의였어.

The trip we had was **so** amazing. 우리 여행 정말 즐거웠어.

We had **such** an amazing trip. 우린 정말 즐거운 여행을 했어.

이것만은 확실히!

Such와 so 바로 쓰기

1 Such 강조하는 단어가 명사일 때
   ◉ He's such a rich man.
2 So 강조하는 단어가 형용사일 때
   ◉ He's so rich.

'방해하다'와 Interrupt의 차이점

동영상 강의

이번에는 한국말로 '방해하다'라는 뜻의 영어 단어들을 알아보겠습니다. '방해하다'는 상황에 따라 표현이 다양해요.

1 Interrupt

To interrupt는 **'상대방의 말에 끼어들다'**라는 뜻이에요. 같은 뜻으로 to cut somebody off, to jump in이 있습니다.

It's not polite to interrupt.
다른 사람이 말할 때 끼어드는 것은 예의에 맞지 않다.

Please don't interrupt me. I'm trying to tell you something very important.
제가 말할 때 끼어들지 마세요. 지금 중요한 말을 해주려고 하거든요.

2 Disturb

To disturb는 '상대방이 하는 일을 방해하다'라는 뜻입니다.

Don't **disturb** me when I'm watching football.
내가 축구 볼 때 방해하지 마세요.

Please do not **disturb** the neighbors. 이웃을 방해하지 마세요.

3 Bother

To bother은 '방해하다'라는 뜻보다는 '귀찮게 하다', '괴롭히다'라는 뜻에 가깝습니다.
A bother은 '귀찮은 일', bothersome은 '귀찮은'이라는 뜻입니다.

I can't concentrate at home because my little brother is
always **bothering** me. 내 남동생이 항상 나를 귀찮게 해서 집에서는 집중을 할 수가 없어.

4 Distract

To distract는 '(어떤 일을 하던 사람의) 마음을 다른 데에 쏠리게 하다'라는 뜻입니다.
즉, 상대방이 해야 하는 일에 집중하지 못하게 산만하게 한다는 의미입니다.

Messages are such a **distraction** when I'm trying to study.
공부하려고 할 때 문자 메시지가 오면 정신이 너무 산만해진다.

이것만은
확실히!

방해하다의 다양한 표현

1 **Interrupt** 상대방의 말에 끼어들다

2 **Disturb** 상대방이 하는 일을 방해하다

3 **Bother** 귀찮게 하다, 괴롭히다

4 **Distract** 마음을 다른 데에 쏠리게 하다, 남의 관심을 끌다

'소풍'과 Picnic의 차이점,
Jaywalking이란?

동영상 강의

이 학습에서는 소풍, 산책과 관련된 표현을 배워 보겠습니다.

1 소풍 가다

'소풍'은 영어로 picnic이라고 하지만 **picnic**은 음식을 가지고 나갈 때만 씁니다. 음식이 없으면 picnic이라고 하지 않고 **stroll**이라고 말하죠.

To have a picnic 소풍을 가다

To take a stroll / To go for a walk 산책하다

There were many people picnicking in the park.
공원에 소풍 나온 사람들이 많이 있었다.

2 무단 횡단하다

도로를 건너면서 무단 횡단 금지라는 문구를 보았는데 '**무단 횡단**'은 영어로
jaywalking이라고 합니다.

To jaywalk 무단 횡단하다

Jaywalking is forbidden! / No jaywalking! 무단 횡단 금지!

I got a fine for jaywalking. / I got busted for jaywalking.
무단 횡단하다가 벌금 물었어.

3 꽃이 피다

공원에는 예쁜 꽃들도 많이 피어 있더라고요. '**꽃이 피다**'는 영어로 bloom이라고 해요.

The flowers are in bloom. 꽃이 피어 있다.

The flowers are blooming. 꽃이 피고 있다.

Flowers are blooming all across the country.
전국 곳곳에서 꽃이 피고 있다.

이것만은
확실히!

공원, 소풍과 관련 있는 말

1 To have a picnic 소풍을 가다(음식을 가지고 갈 때만)

2 To take a stroll / To go for a walk 산책하다

3 To jaywalk 무단 횡단하다

4 The flowers are blooming. 꽃이 피고 있다.

(흔히 하는 실수들) Look & Look Like

동영상 강의

Look과 look like의 용법도 한국인들이 많이 헷갈려 해요. 이번에 제대로 짚어 드리겠습니다.

자주 틀리는 표현

He **looks like** tired. (x)

Look과 look like 모두 '~처럼 보이다'라는 뜻인데, **명사 앞에는 look like를 쓰고 형용사 앞에는 look**을 쓰는 것이 맞아요.

He looks 형용사.
He looks like a 명사.

🔊 이렇게 쓰세요!

He **looks** tired. 그는 피곤해 보인다.

Wow, you really **look** worn out. 와, 너 굉장히 지쳐 보인다.

> **Tip** Worn out 기진맥진한, 녹초가 된

He **looks** smart. 그는 똑똑해 보인다.

She **looks** intelligent. 그녀는 지적으로 보인다.

He **looks** really stuck-up. 그는 거만해 보인다.

He **looks** loaded. 그는 돈이 많아 보인다.

> **Tip** Loaded은 속어로 '돈이 많은'이라는 뜻이에요.

She **looks like** a model. 그녀는 모델 같다.

He **looks like** an actor. 그는 배우 같다.

He **looks** a lot **like** my friend. 그는 내 친구와 굉장히 닮았다.

이것만은 확실히!

Look과 look like 바로 쓰기

1 look 뒤의 단어가 형용사일 때

  예 He looks tired.

2 look like 뒤의 단어가 명사일 때

  예 She looks like a model.

Christmas Traditions

동영상 강의

전 세계적인 축제인 크리스마스에 관한 풍습을 몇 가지 살펴볼까요? 먼저 크리스마스 때 쓰는 인사말부터 봅시다. 편지를 쓸 때 제일 많이 쓰는 인사말은 Merry Christmas and a Happy New Year입니다. 받는 사람의 종교가 기독교가 아닐 경우에는 대신에 Season's Greetings도 많이 씁니다. 크리스마스 휴가 전 퇴근할 때 친구들에게 Have a merry Christmas 라고 말하면 자연스럽고 좋아요.

Advent calendar

미국에는 12월 1일부터 12월 24일까지만 나오는 특별한 '강림절 달력'이 있습니다. 이 달력에는 모든 날짜에 하나씩 작은 창이 있어요. 하루에 한 번씩 가족과 모여서 이 창을 열어 봅니다.

Candy canes

이 지팡이 모양의 사탕은 주로 크리스마스에 먹습니다. 매우 다양한 크기와 색깔로 살 수 있는데 대표적인 것은 빨간색과 흰색 줄무늬죠. 이 사탕을 크리스마스트리에 걸어 놓고 먹을 수 있는 크리스마스 장식품으로 쓰는 집도 있습니다. 학교에서도 12월 초부터 학생들한테 나눠줍니다.

Candy houses

12월 초부터 많은 미국 사람들이 사탕이나 진저브레드(생강 빵)로 소형 장식품 집을 만들기 시작합니다. 다양한 과자와 사탕, 설탕 등으로 집의 지붕, 굴뚝, 잔디, 울타리 등을 멋지게 장식할 수 있습니다. 해마다 만드는 집도 있지만 손이 많이 가는 작업이고 한번 만들면 몇 년간 쓸 수 있어서 대부분 사람들이 격년으로 사탕 집을 짓습니다.

Carols

크리스마스에 집집마다 동네를 돌아다니면서 노래를 부르는 풍습도 있습니다. 이 풍습은 caroling이라고 합니다. 〈We wish you a Merry Christmas〉라는 곡은 원래 이러한 용도로 불렀던 노래입니다.

Cookies and milk

대부분 미국 아이들은 24일 밤에 산타클로스가 순록이 끄는 썰매를 타고 와서 착한 아이들에게 선물을 나눠준다고 생각합니다. 많은 아이들이 산타 할아버지를 위해서 쿠키와 우유를 벽난로 옆에 두고 자지요. 순록을 위해서 풀을 남기는 아이도 있습니다. 신기하게도 25일 아침에 일어나 보면 항상 풀과 쿠키의 부스러기만 남아 있었어요.

Christmas cards / Christmas letter

미국에서는 크리스마스를 맞이해 엽서나 편지로 주변 모든 사람에게 가족의 소식을 전합니다. 대부분 가족 중에 제일 연장자인 여자가 이 일을 담당합니다. 우리 가족 같은 경우에도 우리 외할머니께서 매해 이 일을 해 오셨습니다. 크리스마스 편지를 쓰지 않는 집은 대신 매해 이맘때 찍은 가족 사진이 담긴 엽서를 보냅니다. 친하게 지내는 사람뿐 아니라 살면서 잠깐이라도 만났던 사람들에게 모두 보내므로 편지는 100통이 넘기도 합니다.

American culture

Christmas tree

미국과 한국의 크리스마스트리의 가장 큰 차이점은 미국에서는 플라스틱이 아니라 진짜 나무를 쓴다는 것이죠. 전통적으로 하려고 직접 크리스마스트리 농장에 가서 도끼로 잘라 자동차에 싣고 오는 사람들도 많아요. 인공 나무의 제일 아쉬운 점은 크리스마스 분위기를 풍기는 소나무의 향기가 없다는 거예요.

Mistletoe

12월 초부터 새해까지 많은 미국 사람들이 겨우살이 가지를 장식용으로 벽에 붙여요. 재미있는 풍습 중 하나는 남자와 여자가 겨우살이 밑에서 마주치면 뽀뽀를 해야 한다는 거예요. 그래서 외로운 남자들이 일부러 겨우살이 가지 밑에서 자리를 뜨지 않고 모임 내내 여자를 기다리기도 합니다. 또는 장난용으로 머리에다가 붙이는 휴대용 겨우살이를 가지고 나와서 어디서라도 여자를 마주치면 키스를 신청할 수 있도록 하기도 하죠.

Tree trimming

크리스마스트리에다가 조명과 띠, 장식을 다는 의식입니다. 집집마다 다르지만 우리 가족은 어두운 보라색과 흰색 조명을 달고 크리스마스 캐럴이라고 쓰여진 아름다운 띠를 두른 후 본격적으로 장식을 달기 시작했어요. 보통 이렇게 하면서 크리스마스 쿠키와 크리스마스 음료수인 eggnog을 먹고 마시며 크리스마스 캐럴을 듣습니다. 마지막으로 트리 꼭대기에 별이나 천사 장식을 올려 트리를 완성합니다.

American culture

Section 02

한국인들이
잘 모르는
문법 · 어휘

동사구 Make out

MP3 강의

EnglishinKorean.com

영어의 많은 동사구가 그렇듯이 make out도 문맥에 따라 다양하게 해석할 수 있어요. 가장 대표적인 세 가지 의미는 아래와 같습니다.

1 (제일 흔한 쓰임새) 남자와 여자가 스킨십하다(키스하다)

A Do you know what all the buzz is about?

B Yeah, there's a rumor going around that Jenny and Tom **made out** last night at the prom.

A But Tom is already going out with Sara!

B I know. That guy is such a player.

A 다들 웬 호들갑이야?
B 어제 무도회에서 제니하고 톰이 키스했다는 소문이 돌고 있어.
A 근데 톰은 사라하고 사귀고 있잖아!
B 그러니까. 그 애 완전 선수잖아.

> **Tip** '스킨십'이라는 말은 미국에서 쓰지 않는 콩글리시입니다.

2 눈에 잘 안 보이는 것을 알아보다

A Can you **make out** what's written on that sign across the street?

B Nope, the writing is too small. I can't tell what it says.

A 길 맞은편에 있는 간판에 뭐라고 쓰여 있는지 보여?

B 아니, 글자가 너무 작아. 뭐라고 쓰여 있는지 모르겠네.

3 (거래 따위를) 해내다 또는 (몫을) 챙기다

A I heard a lot of money changed hands in the waterfront development project. How'd you **make out**?

B We did all right, but I was definitely hoping for more.

A 강변 개발 사업에 거액이 오갔다면서? 재미 좀 봤어(너도 돈 좀 챙겼어)?

B 웬만큼. 훨씬 더 많이 기대하긴 했지만.

> **Tip** Waterfront라는 단어는 '물(강, 바다, 호수) 앞'이라는 뜻입니다. 그대로 한자로 옮기면 '수전'이지만 한국어에는 그런 말이 없으니까 이해하기 쉽게 '강변'이라고 합시다.

Make out의 대표적인 의미 세 가지

1 남자와 여자가 스킨십하다

2 눈에 잘 안 보이는 것을 알아보다

3 (거래 따위를) 해내다, (몫을) 챙기다

한국 사람들이 잘 안 쓰는 Way의 또 다른 용법

MP3 강의

한국 사람들이 많이 쓰는 강조어는 much나 very인데, 실제 **미국 사람들이 제일 많이 쓰는 강조어는 a lot과 way**인 것 같습니다.

미국에서 수량을 뜻하는 much는 이제 거의 문어체에서만 써요. 대신 a lot of는 불가산명사, 가산명사에 모두 쓸 수 있으며 강조어의 역할도 할 수 있어 매우 유용합니다. 반면 way를 강조어로 쓰는 한국인은 한 번도 못 본 것 같아서 way의 강조 역할을 보여드리고 싶습니다. 한 가지 주의할 점은 way의 이러한 용법은 한국말의 '되게'와 비슷해서 반말처럼 들리므로 격식을 갖춰야 하는 자리에서는 쓰지 말아야 한다는 것입니다.

격식

Mark is **much** older than you. 마크는 당신보다 나이가 훨씬 많습니다.

일반

Mark is **a lot** older than you. 마크는 당신보다 나이가 훨씬 많아요.

반말

Mark is **way** older than you. 마크는 너보다 나이가 훨씬 많아.

📶 이렇게 쓰세요!

I've been living in Korea since **way** before you got here.
네가 여기 오기 훨씬 전부터 내가 여기 살고 있었어.

James is **way** better at skiing than you will ever be.
네가 평생 스키를 탄다고 해도 제임스가 너보다 훨씬 더 잘 탈 거야.

My dream is to make **way** more money than my dad does.
내 꿈은 아버지보다 훨씬 더 많은 돈을 버는 것이다.

Life in Korea is **way** more fun than in America.
한국에서의 삶은 미국에서의 삶보다 훨씬 재밌다.

My sister is **way** better at science than I am.
내 여동생은 나보다 훨씬 더 과학을 잘해요.

이것만은
확실히!

Way의 강조 용법

Way는 a lot of와 함께 미국인들이 많이 쓰는 강조의 말인데, 우리말로 하면 '되게', '완전'의 의미와
비슷하므로 글이나 격식 있는 자리에서는 쓰면 안 돼요.

골칫덩어리 불가산명사 1

 동영상 강의   MP3 강의

1 Luggage 짐

미국인들은 luggages라는 단어는 쓰지 않습니다. 가방을 1개 가지고 있든 10개 가지고 있든 항상 luggage라고 말해야 합니다.

I have a lot of **luggage** with me today, so I'll be heading straight home as soon as we land.
나는 오늘 짐이 많아서 도착하는 즉시 바로 집으로 갈 거야.

2 Advice 충고, 조언

어떤 사람이 많은 분야에 대해 조언을 해 줬다고 해도 advice라고 써야지 advices라고 쓰면 안 돼요.

My father has given me a lot of useful **advice** throughout my life. 나의 아버지는 내가 살아가는 내내 많은 유용한 충고를 해 주셨다.

3 Furniture 가구

책상과 의자, 책장을 한꺼번에 샀더라도 I bought some furniture(가구를 좀 샀어요)라고 합니다. Furnitures라고 하지 않아요.

His house is totally filled up with furniture; there's almost no place to stand.
그의 집은 완전히 가구로 꽉 차 있어서 서 있을 공간도 거의 없을 지경이다.

4 Knowledge 지식

Knowledge는 '깊이'로 표현합니다. 그래서 누군가 '많은 지식을 가지고 있다'라고 하려면 have a great depth of knowledge라고 하지 have many knowledges라고 하지 않아요.

He has a vast knowledge of computer programming.
그는 어마어마한 양의 컴퓨터 프로그래밍 지식을 가지고 있다.

5 Vocabulary 어휘

Vocabulary는 집합명사로, 단어 자체가 이미 복수형이기 때문에 끝에 s를 붙일 필요가 없어요.

I'm studying English vocabulary right now.
나는 지금 영어 단어를 공부하고 있어.

> **Tip** Vocabulary라는 단어를 줄여서 말할 때 voca라는 말은 안 써요. 대신 vocab이라고 합니다.

골칫덩어리 불가산명사 2

동영상 강의

MP3 강의

1 Staff 전 직원

이 단어가 까다로운 이유는 이미 집합명사이기 때문입니다. 가끔 He is a staff there 나 That company has many staffs 같은 말을 듣는데 이것은 틀린 표현입니다. Staff는 team처럼 한 명이 아니라 한 집단을 가리키는 말입니다. He is a team이라 고 하지 않듯이 He is a staff라고 하면 안 됩니다. 하지만 셀 수 있는 단위인 member 를 붙여서 He is a member of the staff라고는 쓸 수 있습니다.

That company has a large staff. 그 회사는 직원이 많다.

2 Heritage 문화유산

심지어 한국 정부에서 발행하는 자료에서도 Seoul has many unique heritages 같은 잘못된 문장을 많이 본 것 같아요. "서울에는 독특한 문화유산이 많다"는 Seoul offers many splendid examples of Korean heritage입니다.

The hanok is an example of Korean heritage that the government largely failed to preserve.
한옥은 한국 문화유산 중 정부가 보호하는 데 거의 실패한 한 예다.

54

3 **Culture** 문화

Heritage는 끝에 s를 붙이면 무조건 틀리지만 culture는 s를 붙일 때도 있습니다. '전 세계의 다양한 문화들'은 all the diverse cultures of the world라고 할 수 있는데, 한 나라 안에 있는 문화는 통틀어서 그냥 culture라고 합니다. 따라서 Seoul has many Korean cultures 같은 말은 안 맞습니다.

The World's Fair provides an excellent opportunity to see all the cultures of the world under one roof.
세계 박람회는 한 지붕 아래의 세계 모든 문화를 볼 수 있는 훌륭한 기회를 제공한다.

4 **Research** 연구

Research는 불가산명사라서 아무리 많이 몇 차례에 걸쳐 연구했다고 해도 그냥 I've done a lot of research라고 합니다. He did many researches about that이라고 하면 틀립니다. 3인칭 단수 동사형으로서 researches라고는 쓸 수 있겠죠.

Much research has been done on the topic.
그 주제에 대해서 많은 연구가 진행되었다.

5 **Gossip** 수다, 소문(뒷담화)

Gossip이라는 단어는 이미 복수형이므로 끝에 s를 붙이면 안 됩니다. "그 사람에 대해서 뒷말이 많다"를 영어로 말하고 싶으면 There is a lot of gossip (going around) about him이라고 하면 됩니다. 명사형으로 gossips라는 단어는 없지만 위의 researches처럼 3인칭 단수 동사형으로는 쓸 수 있어요.

He is always spreading gossip.
그는 항상 소문을 퍼뜨린다.

-able로 끝나는 유용한 단어들

동영상 강의

1 Doable 할 수 있는, ~이 가능한

이 단어는 원어민들은 자주 쓰지만 한국 사람들은 거의 쓰지 않죠. 직역하면 '할 수 있는'
이라는 뜻이고 '~이 가능하다'라는 말을 할 때 씁니다.

Is tomorrow **doable**? 내일 괜찮아요? / 내일 가능해요?

2 Workable 할 수 있는, ~이 가능한

이 단어는 doable과 비슷한 의미입니다. 하지만 **좀 더 힘든 일정에 대해서 말할 때** 써
요. 예를 들어 바빠서 시간이 부족한 친구에게 부탁을 할 때 I know your schedule
is packed, but is tomorrow workable?이라고 부탁할 수 있습니다. 주로 plan
또는 schedule과 함께 씁니다.

That schedule sounds **workable**. 그 일정은 가능할 것도 같네요.

3 **Walkable** 걸어갈 수 있는 거리 안에 있는

어떤 장소에 걸어서 갈 수 있는지 물어볼 때 쓸 수 있는 표현입니다.

How far is it? Is it **walkable**?
거기 얼마나 멀어요? 걸어갈 수 있어요?

---

4 **Fixable** 고칠 수 있는

Fix에는 '고정시키다'라는 뜻이 있는데 이 의미로는 거의 안 씁니다. 더 많이 쓰는 의미는 '고치다'입니다. fixable의 유의어로 repairable, mendable이 있습니다.

I cracked my screen yesterday, but I think it's **fixable**.
어제 내 모니터를 망가뜨렸는데, 내 생각에는 고칠 수 있을 것 같다.

---

5 **Affordable** 구매할 수 있는, (살 수 있는) 여유가 있는

It's affordable이라고 하면 '그거 살 수 있어요'라는 뜻이니까 문맥에 따라서 '저렴하다'라는 뜻이 될 수도 있습니다.

It's a quality product at an **affordable** price.
저렴한 가격에 질 좋은 제품이다.

---

6 **Manageable** 통제할 수 있는, 해결할 수 있는

Manageable situation이라고 하면 '통제할 수 있는 상황'이라는 뜻입니다.

The situation is difficult, but **manageable**.
상황이 어렵지만 해결할 수 있습니다.

-able로 끝나는 유용한 단어들 2탄

동영상 강의

1 Salvageable 고쳐서 쓸 수 있는

Salvageable은 '**고쳐서 쓸 수 있는**'이라는 뜻이에요. 사전에서는 '구조할 수 있는', '인양할 수 있는'으로 나오지만 실제로 쓸 때는 실수하거나 틀린 것을 수정해서 쓸 수 있는지를 표현할 때 씁니다.

Is the footage **salvageable**?
촬영한 것 고쳐서 쓸 수 있어요?

2 Unmanageable 통제가 되지 않는

That class is completely **unmanageable**.
그 수업은 완전히 통제 불가능해.

3 Unmistakable 바로 알아볼 수 있는

Unmistakable은 mistake(실수하다)와는 다른 의미입니다. 어떤 사람이나 물건의 독특한 특징 때문에 '절대 놓치지 않고 바로 알아볼 수 있는'이라는 뜻입니다.

Her voice is **unmistakable**. 그녀의 목소리는 바로 알아들을 수 있다.

4 Unforeseeable 예상할 수 없는, 예언할 수 없는

It was an absolutely **unforeseeable** turn of events.
전혀 예상할 수 없는 사태 전환이었습니다.

5 Unthinkable 있을 수 없는

Unthinkable은 '있을 수 없는 (일)'이라는 뜻입니다. 상상도 할 수 없는 상황에 대해 쓸 수 있어요. 예를 들어 상사 앞에서 막말하는 것은 상상할 수도 없죠? 그럴 때 쓰면 됩니다.

In Korea in the 70s it would've been **unthinkable** for a woman to smoke in the street.
70년대에 한국에서는 여자들이 길에서 담배를 피우는 것은 상상할 수도 없었다.

6 Unbeatable 따라올 사람이 없는, 이길 사람이 없는

Their fries are **unbeatable**. 거기 감자튀김은 따라올 데가 없어.

7 Unenviable 아무도 부러워하지 않는

Unenviable은 '아무도 부러워하지 않는'이라는 뜻입니다. 예를 들어 직업이 굉장히 힘든 일인데 돈도 잘 못 번다고 하면 이런 일을 unenviable position이라고 할 수 있죠.

I was given the **unenviable** task of firing our newest teacher.
나는 우리 신임 교사를 해고하는, 아무도 부러워하지 않을 일을 맡았다.

다이어 파헤치기 1

동영상 강의   MP3 강의

이번에는 한국인들이 한 가지 의미는 아는데 다른 의미는 잘 모르는 단어를 정리했습니다.

1 State 통 말하다, 선포하다 형 주, 국가, 상태

❶ 이 단어를 보고 제일 먼저 떠오르는 의미는 '**주**'일 것입니다. 그 의미도 있긴 있지만 다른 의미도 많습니다.

❷ 동사로도 많이 쓰는데 동사로 쓰면 뜻은 '**말하다**'예요. 예를 들어 파산 지경까지 간 회사를 어떻게 살릴 수 있을지에 대해서 논의하는 과정에서 이미 다들 아는 사실인 Our company needs to make more money(우리 회사는 더 많은 돈을 벌어야 합니다)와 같은 말을 하는 사람한테 Stop stating the obvious(당연한 말 좀 그만해요)라고 할 수 있는 거죠.

❸ 사실 state의 본래 의미는 '주'가 아니라 '**국가**'입니다. 그래서 미국의 국무부장관인 Hillary Clinton을 Secretary of State라고 합니다. 미국 건국 당시에는 연방 정부가 없었기 때문에 미국은 한 나라라기보다 서로 독립된, 주권이 있는 주 국가들로 이루어져 있었습니다. 나중에 연합할 때 united를 붙이면서 한 나라가 된 거죠.

❹ 또 다른 의미로 '**상태**'라는 뜻이 있습니다.

He **stated** the facts of the case before his supervisors in the DA's office.
그는 검사 사무실에 있는 그의 상사 앞에서 그 사건에 관한 사실들을 진술했다.

The US has always supported Taiwan as a sovereign **state**.
미국은 항상 대만을 주권 국가로 지지했다.

The US has 50 **states** in total, 48 of which are contiguous.
미국은 인접한 48개 주를 포함해서 총 50개의 주로 이루어져 있다.

2 Address 형 주소, 연설, 호칭 통 말하다, 부르다, 처리하다

❶ Address가 '**주소**'라는 뜻인지는 다 알고 있을 것입니다.

❷ 혹시 '**말하다**'라는 의미도 있다는 걸 아시나요? 따라서 "저한테 말씀하시는 거예요?"는 Are you addressing me?라고 하면 됩니다.

❸ 명사형으로도 씁니다. '**연설**'이라는 의미가 있어서 영어로 '기조연설'이라는 말은 keynote address라고 합니다.

❹ '**(문제에) 대처하다**', '**처리하다**'라는 의미도 있습니다. 그래서 뻔히 보이는 문제를 계속 모른 체하고 있는 친구에게 I think that gambling problem is something you need to address(넌 그 도박 문제를 처리해야 할 것 같아)라고 하면 됩니다.

❺ 또 '**(사람 이름 등을) 부르다**'라는 의미도 있어요. 그래서 "어떻게 불러 드릴까요?"는 How would you like me to address you?라고 합니다.

🛜 이렇게 쓰세요!

Steve Jobs was seated on the stage, but did not directly **address** the audience at the latest Apple event.
지난 애플 행사에서 스티브 잡스는 무대에 앉아 있었지만 직접적으로 청중들에게 말하지는 않았다.

I think the problem of noise pollution is something the government needs to **address**.
소음 공해는 정부가 해결해야 할 문제라고 생각한다.

3 Charge [통] 충전하다, 청구하다, 기소하다, 맡기다 [명] 요금, 혐의

❶ Charge의 제일 흔한 뜻은 **'충전하다'**입니다.

❷ "얼마예요?"라고 물어볼 때도 charge를 많이 씁니다. 예를 들어 자동차 정비를 받으러 갔을 때 What do you charge for a tuneup and a tire rotation?(차를 정비하고 타이어 로테이션 하는 데 요금이 얼마예요?)라고 하시면 됩니다.

> **Tip** late charges는 '연체료'라는 의미입니다.

❸ 조금 더 격식 있는 말투로 **(임무를) 맡기다**, **'의뢰하다'**라는 의미로 쓸 수 있습니다.

❹ In charge of ~라고 하면 **'~을 담당하다'**라는 말이죠. 그래서 "여기 담당자 누구예요?" 라고 말하고 싶으면 Who's in charge here?라고 하시면 됩니다.

❺ 마지막으로 '기소하다'라는 뜻도 있습니다.

🔊 이렇게 쓰세요!

I charge you with apprehending the false knight and bringing him to justice in the name of the King.
나는 너에게 가짜 기사를 체포하여 왕의 명으로 법의 심판대에 데려오는 임무를 맡긴다.

Following his arrest, the suspect was taken before the court and charged with murder.
용의자를 체포해서 법정에 세우고 살인 혐의로 기소했다.

4 Observe [통] 관찰하다, 준수하다, 지키다, 지적하다

❶ 먼저 **'관찰하다'**라는 뜻이 있습니다. 예를 들어 Astronomers during the time of Shilla observed the heavens from the Cheomseongdae observatory(신라 시대의 천문학자들은 천문대에서 하늘을 관찰했다)라고 하면 됩니다.

❷ 법률 따위를 **'준수하다'**라는 의미도 있습니다. 예를 들어 Since the advent of central, bus-only lanes in Seoul, Korean pedestrians have been less vigilant about observing traffic signals(서울에 버스 전용 중앙 차선이 생기면서 보행자들의 신호 준수 태도가 느슨해졌다)라고 하시면 됩니다.

❸ **'풍습과 의식을 유지하거나 지키다'**라는 의미도 있습니다. 그래서 "안식일을 지켜라"라고 말하고 싶으면 Observe the Sabbath라고 하면 됩니다.

❹ **'비평하거나 소견을 말하다'**라는 의미도 있습니다. "부장님한테 가서 발표 내용을 미리 보여드렸는데 일관성이 부족하다고 지적하셨다"는 영어로 옮기면 We showed our presentation to the department head ahead of time and he observed that there was a lack of consistency가 됩니다.

🔊 이렇게 쓰세요!

Many Korean Christians have stopped **observing** Confucian rituals, such as Jaesa and Charae.
많은 한국 기독교인들이 제사나 차례 같은 유교 제례를 지키는 것을 그만두었다.

Despite the fact that America is one of the most Christian nations in the world, many customs rooted in Paganism are still **observed**.
세계에서 미국이 가장 독실한 기독교 국가 중 하나라는 사실에도 불구하고, 이교도에서 비롯된 많은 관습들이 아직도 지켜지고 있다.

---

5 **Resign** 图 사직하다, 체념하다, 재계약하다(re-sign)

❶ 누구나 다 **'사직한다'**는 의미는 알고 있습니다.

❷ **'체념하다'**라는 뜻도 있습니다. 따라서 I resigned myself to fate라고 하면 "운명에서 사임했다"가 아니고 "운명이라고 체념했다"라는 뜻이 되죠.

❸ 안타깝게도 **re-sign**이라고 하면 '사직하다'와 정반대 의미인 **'재계약하다'**는 의미라서 헷갈리기 쉽습니다.

🔊 이렇게 쓰세요!

Superstar shortstop, Derek Jeter. **re-signed** with the Yankees in 2010 for a 3-year, 51-million-dollar deal.
슈퍼스타 유격수인 데렉 지터는 2010년에 계약기간 3년 동안 5,100만 달러에 재계약을 했다.

그때그때 발음이 달라지는 영어

EnglishinKorean.com

동영상 강의

영어에는 heteronyms라고 하는 독특한 단어 부류가 있습니다. 이 단어들은 동사형과 명사형의 발음이 다릅니다. 영어의 단음과 장음 구별(mess와 mace, less와 lace 등)을 힘들어하는 한국인에게는 골치 아픈 문제일 거예요. 하지만 영어를 정확하게 하시려면 알아두는 게 좋습니다. 영어에서는 원칙적으로 명사형은 마지막 모음 소리가 짧아지고 동사형은 마지막 음절이 길어져요. 예를 들어 "언제 졸업하냐?"고 물어볼 때 When are you going to graduate?라고 하는데, graduate가 동사형이니까 장음인 '그레쥬에트'로 발음해야 하죠. 반면에 "그는 연대 경영대 출신이야"라고 하면 He's a graduate of Yonsei Business School이라고 하면 되고 마지막 음절은 it처럼 해서 '그레쥬잇'으로 발음합니다.

그래서 이번에는 이러한 단어를 살펴볼게요. 정확한 발음은 팟캐스트에서 꼭 확인해 보세요.

1 Estimate

I gave him an estimate [에스티밋] **for the car repairs he ordered.**
나는 그에게 그가 요청했던 차 수리 견적서를 주었다. (명 견적서)

I estimate [에스티메트] **that will cost around $10,000.**
그건 1만 달러 정도 들 거라고 예상합니다. (동 평가하다, 예상하다)

² Alternate

He was an **alternate** [알터닛] for the role of the Phantom.
그는 유령 역의 대역이었다. (명 대역)

You need to try to **alternate** [알터네이트] your intonation more when you speak.
말할 때 좀 더 당신의 억양을 바꿔 가면서 말하려고 노력할 필요가 있다. (동 바꾸다)

³ Minute

He is famous for his 10-**minute** [미닛] lecture series on YouTube. 그는 유튜브에서 10분 강의 연재로 유명하다. (명 분)

We lack the time to get into these **minute** [마이누트] issues at this point.
지금 시점에서 이 세부적인 사안들을 다루기엔 시간이 부족합니다. (형 세부적인)

⁴ Moderate

He is considered a political **moderate** [머더릿].
그는 정치적으로 의견이 온건한 사람으로 여겨진다. (명 의견이 온건한 사람)

He was chosen to **moderate** [머더레이트] the debate.
그는 토론의 사회자로 선택되었다. (동 사회를 보다)

⁵ Duplicate

This file is a **duplicate** [두플리킷].
이 파일은 사본입니다. (명 사본)

I need you to **duplicate** [두플리케이트] this file for me.
나에게 이 파일을 복사해 주세요. (동 복사하다)

6 Deliberate

That was a **deliberate** [델리버릿] attempt to escalate the situation. 상황을 확대시킨 건 의도적인 시도였다. (형 의도적인)

The jury must remember to **deliberate** [델리버레트] the facts of this case in a methodical, cool-headed fashion.
배심원단은 이 사건의 진실을 침착하고 냉정한 방식으로 심사숙고해야 한다는 것을 기억해야 한다.
(동 심사숙고하다)

7 Separate

This is a **separate** [세퍼릿] matter and should be dealt with accordingly. 이것은 별도의 사안이고 그에 맞게 처리해야 한다. (형 별도인)

He attempted to **separate** [세퍼레트] fact from fiction.
그는 사실과 허구를 구별하려고 애썼다. (동 분리하다)

8 Subject

It is a major psychological risk to **subject** [subJECT(강세 차이)] children to such violence.
어린이들이 이와 같이 폭력의 대상이 되면 크나큰 정신적 타격을 입는다. (동 당하게 하다)

What is the **subject** [SUBject(강세 차이)] in this sentence?
이 문장의 주어가 무엇인가요? (명 주어)

9 Tear

Tear [테어] the paper into two equal portions.
이 종이를 똑같은 크기로 반으로 찢어라. (동 찢다)

A single **tear** [티어] rolled down his cheek.
그의 볼에 한 방울의 눈물이 굴러떨어졌다. (명 눈물)

10 Bow

Dressed in a hanbok for the Lunar New Year's holiday,
I gave a deep **bow** [바우] to my grandmother.
구정에 한복을 입고 우리 할머니께 큰절을 드렸다. (명 절)

The Hun warrior was as good as dead once he was without
his **bow** [보] . 그 훈족 전사는 그의 활 없이는 죽은 목숨이나 마찬가지였다. (명 활)

11 Contest

I **contest** [conTEST(강세 차이)] the results of this election.
나는 이 선거의 결과에 항의한다. (동 항의하다)

This **contest** [CONtest(강세 차이)] is rigged.
이 선거는 조작되었다. (명 대회, 대결, 선거 등)

12 Rebel

That man is a true **rebel** [레벌]. 그 남자는 진정한 반항아다. (명 반항아)

I think it's high time we **rebel** [리벨] against this tyranny.
지금이 우리가 이 압제에 대항하여 저항할 때라고 생각한다. (동 반항하다)

13 Wound

This cable needs to be **wound** [와운드] up and put away.
이 케이블 감아서 치워야겠다. (형 감은)

This old **wound** [워운드] will never heal.
이 오래된 상처는 절대 낫지 않아. (명 상처)

Must의 진짜 용법

대부분의 한국인들은 must를 '해야 한다'라는 뜻으로 알고 있는데 사실 미국인들은 이런 의미로 거의 쓰지 않아요. 물론 글이나 격식을 차린 자리에서는 씁니다. 미국인들은 '해야 한다'라고 말할 때 must 대신 have to를 많이 씁니다.

여기서는 must의 진짜 용법에 대해서 알려 드리겠습니다. 일반적으로 **must는 짐작, 추측을 할 때** 많이 씁니다. 즉, **'너 ~하겠다', '당신 ~하시겠어요'라는 말을 하고 싶을 때** 쓰는 표현이죠.

You **must** be tired.
너 피곤하겠다.

You **must** be worn out.
완전히 지쳤겠어요.

You **must** be exhausted.
힘 다 빠졌겠어요.

You **must** be so relieved.
마음이 놓이시겠어요.

You **must've been** so disappointed.
너 정말 실망했겠다.

They **must've been** devastated.
그 사람들 엄청 충격 받았겠다.

They **must've been** just devastated at the news.
그분들 처참한 심정이었겠어요.

> **Tip** 과거형으로 쓸 때는 have p.p.로 말합니다.

원어민들이 자주 쓰는 must의 진짜 용법

'~하겠다', '~하시겠어요'라고 추측을 할 때 must를 써요.

ex **You** must **be tired.** 너 피곤하겠다.

Lesson 20

(흔히 하는 실수들) 전치사 for

틀린 표현 알아보기

I'm waiting him. (x)
I waited you for a long time. (x)
I waited him. (x)
I'm waiting the bus. (x)

📶 이렇게 쓰세요!

I'm **waiting for** him.　나는 그를 기다리고 있어.

I **waited for** him.　나는 그를 기다렸어.

I'm **waiting for** the bus.　나는 버스를 기다리고 있어.

How long have you been **waiting for** the bus?
얼마나 버스를 기다렸어?

He kept me **waiting for** more than an hour.
그는 한 시간 이상 나를 기다리게 했어.

Happy Halloween!

동영상 강의 MP3 강의

뭐니 뭐니 해도 미국 아이들한테 핼러윈(발음: 할로윈)만큼 기대되는 날은 없을 거예요. 몇 달 전부터 의상을 고민하고 농장에 가서 호박을 고를 때부터 마음이 설레기 시작해요. 목이 빠지게 기다린 그날이 오면 어머니께서 직접 재봉틀로 만들어 주신 옷을 입고 동네 집집마다 돌아다니면서 좋아하는 사탕을 얻습니다. 다 공짜로 받을 수 있다는 점을 생각하면 핼러윈은 1년 내내 기다리는 최고의 날이었죠.

다른 아이들보다 'Trick or treating'을 계획적으로, 전략적으로 한다는 것은 저와 우리 형의 자랑거리였어요. 다른 애들은 아무 생각 없이 그냥 자기가 사는 동네만 한 바퀴 돌고 집에 돌아가는데 우리는 어느 동네로 가면 사탕을 제일 많이 주는지와 동네의 인구 밀도까지 고려했거든요. 우리가 몇 년에 걸쳐 터득한 것은 일반 동네에 가면 한 입 거리 사탕과 캔디바를 주는 반면 부자 동네에 가면 대형 캔디바를 준다는 거였어요. 그러나 부자 동네의 집들은 마당이 넓어서 집과 집 사이가 너무 멀기 때문에 방문할 수 있는 집의 수가 적다는 단점을 알고 나서 어떤 동네를 선택할지는 제일 큰 고민거리였어요. 또 치과의사들이 많이 사는 동네는 절대적으로 피해야 했는데, 그분들은 기회를 그냥 지나치지 않고 삼삼오오 집을 찾아오는 아이들한테 훈계와 함께 칫솔과 치약, 사과까지 주곤 했기 때문이죠.

복장은 유치원생 때부터 초등학생 때까지 다양하게 변장을 하고 가요. 어릴 때부터 클래식 음악을 특히 좋아해서 초등학교 2학년 때 모차르트 분장을 했어요. 모차르트 시대 때 쓴 가발까지 쓰고 클라리넷을 들고 동네로 나섰어요. 집주인들은 빠짐없이 이걸 보고 '클라리넷을 진짜로 불 줄 아느냐, 아니면 그냥 소품이냐'고 저를 시험해 봤고, 그러면 그때 이미 악기 배운 지 몇 년 된 저는 자랑스럽게 클라리넷을 입에 대고 모차르트 곡을 불었어요. 형은 사탕을 많이 받을 수 있는 시간이 줄어든다고 싫어했지만 저한테는 소중한 기억이 됐지요.

형과 아버지와 함께 호박 농장에 가서 딱 맞는, 얼굴 그리기 좋은 호박을 고르는 것도 달콤한 추억이에요. 우리는 가끔 일부러 제일 못생긴 호박을 골랐어요. 무서운 얼굴을 만들기가 더 쉬우니까요. 그리고 몇 번은 제가 직접 우리 집 뒷마당에서 키운 호박을 가지고 jack-o'-lantern이라고 불리는 호박등을 만들었어요. 호박 속을 파내고 나면 그걸 가지고 어머니가 호박 파이와 구운 호박 씨앗 과자도 만드셨어요. 핼러윈 며칠 전부터 매일 호박 안에다 초를 켜서 집 앞에 내놓았어요. 밤이 되면 온 동네에 핼러윈 장식과 호박등에서 나오는 빛 때문에 무서운 그림자들이 벽 위에서 춤을 추는 것 같았고 정말 신비스러운 분위기가 연출됐어요. 아직도 눈을 감으면 촛불에 타는 호박 냄새가 뚜렷이 기억나요.

그 외에도 핼러윈은 '귀신의 집' 방문, 핼러윈 파티, 무도회, 공포 영화 보기 등 화려한 기억을 많이 만드는 날입니다. 마지막으로 핼러윈에 관한 어휘를 잠깐 살펴보겠습니다.

전통과 풍습

Pumpkin patch 호박밭, 호박을 파는 농장
Pumpkin carving 호박 깎이(조각)
Costumes 의상, 변장
Trick-or-treating 집집마다 돌아다니면서 사탕을 달라고 하는 풍습
Bobbing for apples 물이 담긴 큰 솥에 떠 있는 사과를 오직 입으로만 꺼내는 전통 놀이
Ghouls, ghosts, goblins, monsters, phantom, poltergeist 귀신, 괴물이라는
의미를 지니는 다양한 어휘
Haunted house 귀신의 집
Roasted pumpkin seeds 구운 호박씨
Halloween colors 미국은 특별한 날을 대표하는 각각의 색깔이 있는데, 핼러윈의 색깔
은 주황색과 검정색임.
Halloween decorations 핼러윈 장식품

그 외 핼러윈 관련 표현

Boo 사람을 놀래킬 때 내는 소리
Grim Reaper 사신
Hair-raising 털을 곤두서게 하는, 소름 끼치는
Bloodcurdling 간담이 서늘해지는
Jack-o'-lantern 호박등
Spine-chilling 등골이 오싹해지는
Macabre 무시무시한
Masquerade 가면 무도회
Morbid 끔찍한, 병적인, 불건전한
Scarecrow 허수아비
Decked out 과하게 장식한

American
culture

English
in
Korean

한국인들이
흔히 잘못
알고 있는 영어

영어의 Redundancy란?

동영상 강의

Redundant라는 형용사는 '중복적인' 또는 '불필요한'이라는 뜻인데 **redundant expression 이라고 하면 쓸데없이 같은 말을 두 번 반복하는 것**을 말합니다. 영어에서 이런 표현들은 가급적 이면 안 쓰는 게 좋습니다. 심지어 원어민들도 자주 하는 실수인데, redundant expression에 는 어떤 것들이 있는지 알아보겠습니다.

Redundant expression에 대해 아직 감이 잡히지 않는다면 한국말에서도 자주 접하는 몇 가 지 예를 보여 드릴게요. 날짜에 대해서 이야기할 때 '월요일 날에', '화요일 날에' 같은 말을 많이 들어 보셨죠? 그냥 '월요일에'라고 하거나 '화요일에'라고 해야지 '날'을 붙이면 안 됩니다. 한국말 에서는 한자어하고 순 한국어를 섞어서 말할 때 특히 이런 표현이 나타나는 것 같아요. 그런 예로 '그때 당시'가 있죠. 영어에서 흔한 이중 표현 중 하나인 period of time과 많이 비슷합니다. 그 냥 period라고 해도 의미는 '기간'을 뜻하는데 거기에 time까지 붙일 필요가 없습니다. 물론 사 람들이 말을 할 때는 생각할 시간이 많지 않아 잘못된 표현을 쓸 수도 있지만 글을 쓸 때는 이왕 이면 문법을 지켜주는 게 좋겠죠?

1 An added bonus

Bonus라는 말이 이미 '덤'이라는 뜻이니까 added는 불필요합니다.

2 ATM machine

ATM의 'M'은 machine을 뜻하므로 뒤에 machine을 또 붙일 필요가 없습니다.

3 Completely eliminate

Eliminate라는 말은 '완전히 없애다'라는 뜻이니까 completely를 붙일 필요가 없습니다.

4 Compete with each other

Compete라는 단어의 뜻은 원래 '서로 겨루다'입니다. 따라서 뒤에 with each other을 붙일 필요가 없습니다.

5 Advance preview

Preview의 접두사 pre는 '미리'라는 의미를 이미 지니고 있습니다. Advance preview를 직역하면 '미리 예고편'이라고 하는 것과 마찬가지이므로 advance는 쓰지 않아야 합니다.

6 Could possibly

Could라는 단어가 '그럴 수 있다'는 뜻인데 똑같은 의미인 possibly를 붙일 필요가 없겠죠.

⁷ Crisis situation

Crisis는 '비상사태' 혹은 '위기'라는 뜻이므로 거기다가 situation(상황)을 굳이 덧붙이지 않아도 됩니다.

⁸ End result

이것도 매우 흔히 하는 실수인데 result는 어떤 일이 다 끝났을 때만 쓰는 말이니까 end를 붙일 필요가 없습니다. 어떤 일이 아직 진행 중이고 끝나지 않았다면 '결과'라는 말을 쓰지 않겠죠.

⁹ Final outcome

Outcome도 위에 나온 result처럼 어떤 일이 다 끝났을 때만 쓰는 단어이니까 final을 안 붙여도 됩니다.

¹⁰ Free gift

Gift라는 것은 무료로 받는 거예요. 돈을 주고받는 것은 '선물'이 아니라 상품이죠. 따라서 free(무료의)를 붙이면 안 됩니다.

¹¹ First of all

원어민들도 말할 때 이 표현을 가끔 쓸 거예요. 그러나 엄밀하게 따지면 중복적인 표현이니까 글을 쓸 때는 피하는 게 좋습니다. First가 이미 최상급인데 거기에 of all을 붙일 필요가 없겠죠.

¹² Over exaggerate

Exaggerate는 '**과장**'이나 '**과언**'이라는 뜻인데 그 앞에 over를 붙이면 '과하게 과장하다'라고 말하는 셈이죠? 그러니까 over는 불필요한 말입니다.

¹³ Past experience

Experience는 '**경험**'이라는 뜻인데 경험은 당연히 지나간 일밖에 없겠죠? 따라서 앞에 past를 붙이지 않는 게 좋습니다.

¹⁴ PIN number

PIN은 **Personal Identification Number**의 약자인데 그 뒤에 number를 또 붙이면 안 되겠죠?

¹⁵ Plan ahead / Plan in advance

Plan이라는 동사는 '**미래에 대해서 계획을 세운다**'는 뜻이므로 뒤에 ahead 또는 in advance를 붙일 필요가 없습니다.

¹⁶ Please RSVP

이 말은 초대장에서 흔히 볼 수 있는 문구로, 프랑스 어로 **Répondez S'il Vous Plaît (please reply)**의 약자입니다 이미 please라는 의미가 들어 있으니 앞에 다시 붙일 필요는 없습니다.

¹⁷ **Protest** against

Protest라는 동사는 '~에 시위하다', '~에 반대하다'의 뜻이므로 이미 against라는 의미를 지니고 있습니다.

¹⁸ **Safe** haven

Haven은 '**안식처**'라는 뜻입니다. '안식처'의 '안'은 '안전하다'는 뜻이니까 '안전한 안식처'라고 할 수는 없죠. 영어로도 그냥 haven이라고 하면 됩니다.

¹⁹ **Surrounded** on all sides

Surrounded라고 하면 '**둘러싸인**'이라는 뜻인데 '사방으로부터'라는 표현을 굳이 쓸 필요가 없겠죠.

²⁰ **Still** persists

Persist는 '**계속 살다**', '**고집하다**'의 뜻이기 때문에 still의 의미를 이미 내포하고 있습니다.

²¹ **Still** remains

Remain이라는 단어는 '**계속 남아 있다**'의 의미이기 때문에 위와 같이 still의 의미를 이미 내포하고 있습니다.

²² **Total** destruction

Destruction은 '**파괴**', '**파멸**'이라는 뜻입니다. 그 속에 이미 '완전히'라는 의미가 포함된 단어이기에 앞에 total은 붙일 필요가 없습니다.

23 **Vacillate** back and forth

Vacillate는 **'두 의견 사이에서 왔다갔다 하다'**라는 뜻인데 back and forth도 '왔다갔다 하다'라는 뜻이니까 같이 쓰면 중복이 됩니다.

24 **Whether** or not

한국의 영어 교과서에 이 표현이 나온다는 말을 들었는데 whether or not은 엄밀히 말하면 잘못된 표현입니다. Whether이라는 단어가 이미 **'~인지 아닌지'**라는 뜻이기 때문입니다. 심지어 원어민 중에서도 이런 실수를 하는 사람이 있습니다.

25 **Warn** in advance

과거에 일어난 일에 대해서 이야기하면 '경고'가 아니라 '분석'이나 '후회'겠죠. Warn(경고하다)이라는 단어는 **이미 미리 무슨 일이 벌어질 수도 있다**는 뜻을 품고 있습니다. 그래서 in advance를 또 붙일 필요가 없습니다.

영어답지 않은 표현 5개

동영상 강의　MP3 강의 1　MP3 강의 2

1 **I'm drunk.** (틀린 문장 I'm drunken.)

Drunken과 drunk는 모두 '**취한**'이라는 뜻의 형용사입니다. 하지만 동사 뒤에는 drunken은 쓰지 않고 drunk만 씁니다.

I'm so **drunk**.
나 완전 취했어.

I got really **drunk** last night.
나 어젯밤에 진짜 취했었어.

I'm starting to feel really **drunk**.
나 진짜 취하기 시작하는 것 같아.

Drunk driving
음주 운전

> **Tip** Drunken은 드물게 명사를 꾸밀 때만 씁니다.
> A drunken man(술 취한 남자)

2 I'm so jealous. (어색한 문장 I envy you.)

요즘 원어민들은 '**부럽다**'라고 할 때 I envy you라는 표현을 거의 쓰지 않습니다. 그 대신 I'm so jealous를 훨씬 더 많이 사용해요. Envy는 단순히 '부럽다'보다 더 세고, 격식 있는 말투이면서 옛날식입니다. 꼭 쓰고 싶다면 envy가 아닌 I'm so envious라고 쓰세요.

① A I'm taking the day off and heading out to Ganghwa Island for some fishing and relaxation.

B Wow, **I'm so jealous.**

A 나 하루 휴가 내고 강화도에 휴식 겸 낚시하러 갈 거야.
B 와, 진짜 부럽다.

② A John just got another promotion.

B How is he managing to move up the corporate ladder so fast? **I'm** starting to get a little **jealous of** that guy.

A 존이 막 또 승진했다는군.
B 도대체 그는 어떻게 그렇게 빨리 승진할 수 있는 거야? 슬슬 그가 부러운걸.

3 That's just my opinion. (어색한 문장 Just my thinking.)

'**그냥 내 생각이야**'를 직역해서 Just my thinking이라고 말하는 사람이 있는데 사실 좀 어색합니다. Thinking 대신에 opinion이나 thought를 쓰면 더 자연스러워요.

That's **just my opinion** (on the matter).
(그 문제에 대한) 그냥 내 의견이야.

Those are **just some of my thoughts** (on the issue).
(그 문제에 대한) 그냥 몇 가지 내 생각이야.

⁴ # How's the food? (어색한 문장 Is it delicious?)

Is it delicious?라는 표현은 문법적으로는 맞지만 원어민이 자주 말하지는 않습니다.
Delicious 대신에 **good, great, amazing** 등을 쓰는 것이 자연스러워요.

Is the food here good? 여기 음식 괜찮아?

Doesn't the food here taste great? 여기 음식 맛있지 않아요?

Isn't the food amazing? 음식 엄청 맛있지 않아?

> **Tip** Delicious는 그냥 '맛있다' 정도의 어감이 아니라 '엄청 맛있다'라는 광고에나 나올 법한 과장된 말투입니다.

⁵ # He complimented me. (어색한 문장 He praised me.)

Praise는 신문이나 위인전 같은 어려운 문장에서는 '칭찬하다'라는 의미로도 쓰지만, 보통 praise는 '(신을) 숭배하다'라는 의미로 씁니다. **'칭찬하다'**라고 말할 때는 compliment라는 동사(or 명사)를 쓰면 됩니다.

The boss complimented our team on our innovative approach to data entry.
데이터 입력에 있어서의 우리 팀의 혁신적인 방법에 대해 사장님께서 칭찬해 주셨습니다.

I paid her a compliment on her new dress.
나는 그녀의 새 드레스를 칭찬했다.

이것만은 확실히!

1 ~~I'm drunken.~~ ▶ I'm drunk. 나 취했어. [drunken은 명사 앞에만 씀.]
2 ~~I envy you.~~ ▶ I'm so jealous. 부럽다.
3 ~~Just my thinking.~~ ▶ That's just my opinion. 그냥 내 생각이야.
4 ~~Is it delicious?~~ ▶ How's the food? 음식은 어때?
5 ~~He praised me.~~ ▶ He complimented me. 그가 날 칭찬했어요.

영어답지 않은 표현 2부 (식당 특집)

MP3 강의

이번에 학습할 다섯 개 문장은 문법적으로 틀렸다기보다 원어민이 아예 안 쓰거나 매우 드문 경우에만 쓰는 표현들입니다. 저도 한국어를 공부하면서 문법에 맞게 말했는데도 어색한 표현 때문에 상대방이 웃는 걸 보고 억울한 적이 많았어요. 어쩔 수 없는 일인 것 같아요. 문법이 정확하다고 해서 다 맞는 말은 아니니까요.

1 **We had some appetizers.** (어색한 문장 We had side dishes.)

많은 사람들이 '안주'나 '반찬'을 side dishes라고 하는 것을 봅니다. 이것은 문법적으로는 아무 문제가 없지만 조금 어색합니다. **반찬은 appetizer라고 하는 것이 더 정확합니다.** 대다수 미국 식당에 가면 주요리가 나오기 전에 작은 그릇에 먼저 나오는 appetizer가 있습니다. 한국의 반찬도 이와 비슷한 개념이라 반찬을 appetizers라고 하면 미국인들도 바로 이해할 수 있을 거예요.

2 This restaurant has a very large menu.

(어색한 문장 This restaurant has many menus.)

영어에서 menu는 음식이 아니라 어떤 요리가 있는지 보여주는 '차림표'입니다. 한국말에서는 '메뉴'가 '식사의 요리 종류'라는 뜻으로 쓰이지만, 영어에서는 그런 뜻으로 쓰지 않습니다. 따라서 This restaurant has a lot of menus(이 식당은 차림표가 정말 많습니다) 또는 I've eaten all the menus here(여기 있었던 차림표를 다 먹어 버렸어요)라고 하면 어색한 말이 됩니다.

Restaurants in the US usually have a lot more on the **menu**, whereas Korean restaurants primarily focus on only a few menu items.

한국 식당들이 보통 몇 가지 메뉴에만 집중하는 것에 비하여 미국 식당들은 차림표에 더 많은 메뉴를 담는다.

3 No charge. / It's on the house. (어색한 문장 It is service.)

'무료다'라고 말할 때 미국에서는 service라는 말을 하지 않습니다. 대신 It's on the house라는 표현이 있습니다. The house는 '우리 가게'라는 말이고 on은 '부담하겠다'는 말입니다. 그래서 '내가 쏜다'라고 할 때도 It's on me라고 하면 됩니다. Gratis와 no charge라는 말도 많이 써요.

❶ A How much for the refill?
 B Don't worry about it. It's **on the house**.

  A 리필하는 데 얼마예요?
  B 걱정 마세요. 무료입니다.

❷ A How much do I owe you for the popcorn?
 B We provide it at **no charge** for our customers.

  A 이 팝콘 얼마예요?
  B 저희 고객들께는 무료로 제공합니다.

❸ A Do you have valet parking?
 B Yes, parking is **gratis** for diners.

  A 대리 주차 해 주시나요?
  B 네, 식사하러 오시면 주차는 무료입니다.

4 This cream spaghetti is too rich.

(어색한 문장 This cream spaghetti is too greasy.)

한국어의 '느끼하다'는 참 광범위하게 쓰이는 말이죠? 음식과 사람에 모두에 대해 씁니다. 그렇다고 '느끼하다'를 영어로 greasy라고 항상 쓸 수 있는 것은 아닙니다. 일단 사람에 대해서 greasy라는 단어를 쓴다면 머리카락에 기름이 많아서 광이 난다는 뜻입니다. '성격이 느끼하다'라고 하려면 sleazy나 slimy를 써야 해요. **'음식이 느끼하다'라고 말할 때도 주의해야 합니다. 영어로는 greasy보다 rich라는 말이 더 맞습니다.** 따라서 치즈케이크, 초콜릿 등에 대해서 greasy라는 말을 쓰면 매우 어색합니다. 진짜로 기름진 음식(피자, 삼겹살)에 대해서만 greasy를 써야 해요.

5 Water is self-service. (틀린 문장 The water is self.)

한국 식당에서 '물은 셀프입니다'라는 말을 쉽게 볼 수 있죠. 하지만 여기서 self는 틀린 말입니다. **Water is self-service가 맞는 표현**인데 이것보다 더 짧게 줄일 수는 없어요. Self와 self-service는 많이 달라요.

이것만은 확실히!

식당과 관련된 영어답지 않은 표현

1 ~~Side dishes~~ ▶ Appetizers / Bar food
2 ~~To have many menus~~ ▶ To have a large menu
3 ~~Service~~ ▶ No charge / On the house
4 ~~Greasy food~~ ▶ Rich food (치즈, 크림, 초콜릿 등을 말할 때)
5 ~~The water is self.~~ ▶ Water is self-service.

제일 흔한 길거리 콩글리시 5개

EnglishinKorean.com

한국에서 거리를 걷다 보면 가끔 잘못된 영어 표현을 보게 됩니다. 영어를 공부하는 여러분들이 이런 잘못된 표현에 익숙해질까 봐 정리해 보았습니다.

1 Coming Soon (틀린 표현 Comming Soon)

Coming이라는 단어는 m이 하나만 들어갑니다. 아마 beginning처럼 ing를 붙이면서 자음을 두 번 쓴다고 착각해서 그런가 봐요.

2 Grand Opening (틀린 표현 Grand Open)

Open이라는 단어는 형용사(열려 있는)가 될 수도 있고 동사의 명령형(열어라)이 될 수도 있지만 명사는 안 됩니다. 명사형을 만들려면 뒤에 ing를 붙여야 됩니다. Grand open이라는 말을 그대로 한국어로 옮기면 '대단하게 열어라', '대단하게 열려 있는'이 되겠죠. 따라서 '개업'이나 '개업식'에서는 **grand opening**이라고 해야 합니다.

3 The world's best (틀린 표현 The world best, A world best)

영어로 이 말은 무조건 소유격으로 써야 합니다. 한국어로는 '세계 최고'라는 말이 가능하지만 영어로는 **The world's best**라고 해야 합니다. 또한 best는 good의 최상급이므로 항상 앞에 the가 와야 됩니다.

4 Open / Closed (틀린 표현 Open / Close) [영업 중임을 나타낼 때]

가끔 영업이 끝난 가게 앞에 close라고 쓰여 있는 것을 봅니다. 하지만 '영업 중인'을 뜻하는 형용사 open의 반대어는 **closed**예요. Close라는 단어는 동사로서 '닫아라(명령형)'라는 뜻을 나타냅니다.

5 Off season (틀린 표현 Season off)

미국에서도 한국처럼 철 지난 옷을 할인해서 판매하는데 이때 season off가 아니라 **off season**으로 써야 합니다. 그리고 철 지난 옷은 off-season merchandise 또는 off season clothing이라고 합니다.

> **Tip** 팟캐스트 방송에서는 이 부분이 hours(영업시간)의 잘못된 표현인 opening hours에 대한 내용입니다. 하지만 opening hours는 다른 영어권 국가에서는 사용하는 것 같아서 내용을 정정했습니다.

이것만은
확실히!

길거리 콩글리시

1 ~~Comming soon~~ ▶ Coming Soon
2 ~~Grand Open~~ ▶ Grand Opening
3 ~~The world best~~ ▶ The world's best
4 ~~Open / Close~~ ▶ Open / Closed
5 ~~Season off~~ ▶ Off season

Lesson 25

안타깝게도 영어에는 '여기가', '여기의', '여기를'이 없습니다

동영상 강의

한국어의 '여기'보다 영어의 here는 조금 더 추상적입니다. **한국어에서 '여기'는 명사지만 영어의 here는 부사**기 때문에 쓰임새가 분명 다릅니다. 예를 들어 한국어로 '여기 좋다', '여기(의) 날씨 되게 좋네', '여기 어디야?'라고 하면 되는데, 영어로 말할 때 한국어 '여기'를 그대로 here로 옮기면 틀립니다. 이번에는 here에 대해서 자세히 알아볼게요.

1 **여기가 좋아.**

I like here. (x)
I like it here. (o)

2 **거기 좋아.**

I like there. (x)
I like it there. (o)

3 여기가 어디지?

Where is here? (x)

Where are we? / Where is this? (o)

4 여기 날씨 참 좋은 것 같아요.

Here's weather is really great. (x)

Here has great weather. (x)

The weather is really great here. (o)

5 여기 아주 비싸요.

Here is really expensive. (x)

This place is really expensive. (o)

Life here is really costly. (o)

6 여기 음식이 정말 맛있어요.

Here's food is delicious. (x)

The food here is great! (o)

말하는 언어만 다른 게 아니네

이번에는 한국 사람들과 미국 사람들의 서로 다른 손짓에 대해서 알아볼게요. 물론 Thumbs up, Thumbs down, OK처럼 손짓이 비슷한 경우도 많습니다. 그러나 손짓이 전 세계 보편적 언어라고 착각해서 한국인한테 하듯이 외국인한테 손짓을 하는 사람을 많이 봤어요. 외국인에게 써 봤자 통하지 않는 손동작 몇 가지를 살펴봅시다.

'이리 와'를 뜻하는 손동작

저에 대해 잘 아시는 분들은 제가 한국에 처음 왔을 때 대학교 친구의 집에 머물렀다는 것을 알 거예요. 한번은 친구 가족들과 같이 용인 민속촌을 갔는데 장독이 많은 곳 앞에서 사진을 찍게 되었습니다. 그때 그 친구의 아버지가 같이 사진을 찍자고 저를 부르셨는데 저는 그걸 보고 비켜 달라고 하는 줄 알았거든요. 왜냐하면 손을 올리고 손바닥을 밑으로 해서  손가락을 아래위로 흔들면 미국에서 '가라'는 의미로 쓰거든요. 그래서 '아, 사진은 나 빼고 가족과 찍으려고 하나 보다'라고 생각했어요. 같은 오해가 몇 번 더 반복된 후에야 그게 오라는 손짓이라는 걸 깨달았어요.

미국에서 '오라'는 의미를 뜻하는 손짓은 반대로 손등을 아래로 하고 손바닥을 위로 향해서 손가락을 흔드는 동작입니다.

'화났어'를 뜻하는 손동작

한국 사람들이 '화났다'는 의미로 양손의 집게손가락을 뿔처럼 머리 위에 올리고 찡그리는 표정을 본 적이 있습니다. 이 모습을 처음 본 순간이 아직 뚜렷이 기억납니다. 그때는 한국어의 제일 기초반에서 공부하고 있어서 '화나다'라는 동사를 배우고 있을 때였어요. 우리 반 선생님은 이 동사의 의미 전달을 위해서 이런 동작을 하셨는데 처음에는 무슨 의미인지 전혀 이해하지 못했어요. '머리에 뿔이 났다'는 의미인 줄 알았어요. 그런데 조금 더 생각해 보고 화내는 사람이 뿔이 난 악마처럼 무섭다는 의미로 그러는 거 아닐까 하고 추측하게 됐지요.

미국 사람들은 '화났다'는 의미를 보통 팔짱을 끼고 한숨을 내쉬는 것(숨을 위로 불어서 앞머리 날리게 하는 것)으로 표현합니다.

'먹다'를 뜻하는 손동작

한국 사람들은 '먹자' 또는 '먹는다'는 의미로 숟가락을 잡은 것처럼 주먹을 만들고 입 안으로 밥을 넣는 것처럼 손목을 돌립니다. 이것도 처음 봤을 때 뭘 말하려는 건지 전혀 몰랐어요. 서양 사람들이 먹을 때 하는 자세와 너무 달라서요. 무엇보다 손을 돌리는 속도가 굉장히 빨라서 먹는다기보다는 옛날식 전화기로 전화를 하거나 낚싯줄을 돌리는 것 같았어요.

미국에서는 먹는다는 것을 여러 가지 방법으로 표현할 수 있겠지만 주로 양손을 햄버거나 샌드위치를 잡듯이 모으고 입에 올려요.

English in Korean

우리가
자주 하는 말,
영어로는 어떻게?

Lesson 26

'~ 하는 걸로 알고 있다'를 영어로

동영상 강의   MP3 강의 1   MP3 강의 2

한국 사람들이 약속을 잡을 때나 일을 배정할 때나 일상적으로 많이 쓰는 표현 중 하나인 '~ 하는 것으로 알고 있을게요'를 영어로 어떻게 말하는지 배워 보겠습니다.

'~ 하는 것으로 알고 있을게요'라는 말을 그대로 영어로 직역하면 I'll know that we'll be doing that처럼 되겠지만 여러모로 문법이 틀립니다. 무엇보다 know라는 동사는 어떤 것을 100% 확신할 때만 쓰는 거라서 미래에 대해서는 잘 쓰지 않습니다. Think도 물론 이런 유형의 문장에 맞지 않습니다.

이런 표현을 영어로 옮길 때는 **assume(가정하다)**을 쓰면 됩니다.

96

I'll **assume** that we aren't meeting tomorrow. [연락이 계속 안 되는 친구한테]
내일 우리 안 만나는 걸로 알고 있을게.

I'll **assume** that you will be attending the meeting tomorrow.
내일 회의에 참석하시는 걸로 알고 있겠습니다.

I'll **assume** that your silence means you're okay with this.
아무 말 안 하는 건 네가 이것(제안, 계획 따위)이 괜찮다는 뜻으로 알고 있을게.

Wow! I'm surprised to see you here. I had **assumed** you wouldn't be able to make it, due to your busy schedule and all.
우왜! 여기서 보다니 놀랍네요. 일정도 그렇고 매우 바쁘시니까 못 오실 줄 알았는데요.

Since you're still not answering my calls, I'll **assume** you intend to end this relationship.
계속 내 전화를 안 받으니, 네가 우리 관계를 끝내고 싶어하는 것으로 알고 있을게.

I wasn't able to reach him today, but I just **assumed** we would be meeting at one, per the original schedule.
오늘 그와 연락이 안 되었지만, 나는 그냥 원래 일정대로 1시에 만날 것이라고 알고 있었다.

I'll **assume** from the way that you are lounging around playing video games, that you have already finished all your chores for the day.
네가 비디오 게임을 하며 시간을 때우는 걸 보니 오늘 해야 할 집안일을 이미 다 끝낸 것으로 알고 있을게.

이것만은 확실히!

'~하는 걸로 알고 있다'라는 표현하기

know나 think 대신 assume(가정하다)을 씁니다.

'해야 한다'를 영어로

동영상 강의　　MP3 강의

'어떤 행동을 해야 한다'는 뜻의 영어 표현들은 참 많습니다. 그러나 그중에서 무엇을 쓸지 고민되면 한 가지만 기억하세요. 대부분 상황에서 **I have to를 쓰면 정확하고 자연스럽습니다.** 한국 사람들은 I must를 많이 쓰는데 이는 구어체에서는 안 쓰는 것이 좋습니다. 대화 중에 '해야 한다'는 의미로 must를 쓰면 굉장히 어색하거든요. '해야 한다'는 표현에 대해서 좀 더 자세히 알아보도록 하겠습니다.

1 I have to

'해야 한다'는 의미를 지니는 표현 중에서 **제일 흔히 쓰는 말**이고 **제일 광범위**한 의미입니다. 가장 안전한 표현이라고 할 수 있습니다.

I have to help my dad with work.
우리 아버지 일하는 거 도와드려야 해.

I have to head home and study for my physics test tomorrow.
나는 집에 가서 내일 있을 물리 시험공부를 해야 해.

2 I'm supposed to

이 표현은 한국말로 '**~하기로 되어 있다**'와 가장 가깝습니다. 그래서 '~하기로 되어 있지만 하기 싫어서 안 하겠다'라고 말할 때도 씁니다. I have to는 반드시 해야 하는 것이라는 점에서 차이가 있습니다.

I'm supposed to help my dad with some yardwork tomorrow, so I don't think I'll be able to hang out.
나는 내일 아빠의 정원 일을 도와주기로 되어 있어서 놀러가지 못할 것 같아.

I'm supposed to meet my friend later, but I'm feeling sick. I think I'll just go home.
이따가 친구 만나기로 되어 있는데 몸 상태가 안 좋아. 그냥 집에 가야 할 것 같아.

3 I should

'해야 한다'의 뜻을 가지 표현 중에서 제일 까다로운 표현입니다. **Should는 도덕적인 어감을 가지고 있기 때문에** should 다음에 오는 행동은 옳거나 모범적인 느낌을 주는 것입니다. 즉, 그 사람의 역할을 감안하면 원래 해야 되는 것이거나 일반적인 상식으로 해야 하는 행동입니다.

I should leave, but I'd rather stay here with you.
나는 가야 하지만, 여기에 너와 함께 머물겠어.(계속 만나면 바람피우게 될 가능성이 높은 이성한테 하는 말)

You **should** be helping your mother with the dishes, not in here playing video games!
여기서 비디오 게임을 할 게 아니라 너희 어머니가 설거지하는 것을 도와야 해!

4 I must

이 말이 '해야 한다'는 뜻으로 쓸 때는 구어체가 아닙니다. I must do my homework 라고 말하는 사람은 한 번도 못 봤어요. **반면에 글을 쓸 때는 문어체인 must를 쓰고 have to는 거의 안 씁니다.** 예를 들어 글에서는 The US must lower interest rates 라고 쓰고 말할 때는 I think the US has to lower interest rates라고 하면 돼요. 주의할 점은 must를 구어체로 쓰면 짐작하는 의미로 사용되기도 한다는 것입니다.

Korea **must** realize that the preservation of its traditional culture is just as important as its relentless pursuit of westernization. [문어체]
한국은 전통 문화를 보존하는 것이 서구화에 대한 무분별한 추구만큼 중요하다는 것을 깨달아야 한다.

I see his bag over there. He **must**'ve already stopped by. [구어체]
나 저쪽에서 그 사람 가방을 봤어. 그가 벌써 들렀음에 틀림없어.

⁵ I'd better

일단 주의하실 것은 **축약형인 I'd으로만 쓰고** 원형인 I had better은 거의 쓰지 않습니다. 이 표현은 '**안 하면 안 된다**'라는 의미로 생각하면 돼요. 그래서 2인칭으로 말할 때는 협박하는 말이 될 수도 있으므로 You'd better로 시작하는 문장은 조심해서 쓰세요.

I'd better get good grades on this test or I'll be in big trouble.
난 이번 시험에 좋은 점수를 받아야지. 안 그러면 큰일이 날 거야.

You'd better get out of here right now. (협박으로)
너 여기서 당장 꺼지는 게 좋을 거야.

⁶ I ought to

이 표현은 I'd better만큼 강도가 높지는 않지만 의미는 비슷합니다. '**~ 하는 게 나을 것 같다**' 정도로 해석하면 됩니다.

It's late, **we ought to** get going.
늦었는데 우리 가는 게 좋을 것 같아.

You ought to learn Korean if you're planning on staying here.
여기 머물 생각이라면 한국어를 배우는 게 좋을 거야.

'동감이다'를 영어로

MP3 강의

EnglishinKorean.com

이번에는 **상대방이 먼저 말한 내용에 대해 맞장구를 치거나 공감할 때** 쓰는 표현을 알아보겠습니다.

1 I can feel ya, man.

속어이며 아주 편하게 말할 때 씁니다.

John   I wish class would hurry up and finish.

Andy   **I feel ya, man**.

존   수업 좀 빨리 끝났으면 좋겠어.

앤디   완전 동감이야.

2 I agree. / I see what you're saying.

일반적으로 가장 많이 씁니다. 비슷한 표현으로 I feel the same (way) 또는 That's what I'm saying이 있습니다.

3 I can sympathize with your remarks.

조금 유식한 말에 해당합니다. sympathize는 '**동정하다**', '**교감하다**'라는 뜻입니다.

Michelle	I feel that the international community needs to take the situation in Darfur more seriously.
Sandy	**I can sympathize with those remarks.** However, I think that we have personally done all we can do at this point.
미셸	저는 국제 커뮤니티가 Darfur 상황을 더 심각하게 받아들일 필요가 있다고 봅니다.
샌디	저도 그 말에 동의합니다. 하지만 현재 이 시점에선 우리가 개인적으로 할 수 있는 모든 것을 했다고 생각합니다.

4 Join the club! / Same here!

역시 '**동감이다**'를 뜻하는 표현들입니다.

John	I failed my last geometry test. My parents are gonna kill me.
Andy	**Join the club.** I bombed on the last exam, too.
존	나 저번 기하학 시험 망쳤어. 우리 부모님이 날 죽이려 들 거야.
앤디	나도 마찬가지야. 나도 지난번 시험 완전 망쳤어.

'~할까요?'를 영어로
(샤이니 선생님과 함께)

MP3 강의

기초 영어 문법책에서는 '~할까요?'라는 표현을 대부분 shall we ~?라고 하잖아요. 영국에서 쓰기는 하지만 미국인이 실제로 shall we로 시작하는 문장을 말하는 건 거의 본 적이 없어요. 저 같은 경우 shall we를 아주 가끔 써요. 그러나 쓸 때도 웃으면서 써요. 왜냐고요? 정말 옛날 식 말투니까요.

> **Tip** 계약 따위에서 쓰는 법적인 용어로 shall을 쓰긴 하는데 그럴 때는 '~ 할까?'라기보다는 '~ 해야 한다'라는 뜻입니다.

¹ How about -ing?

Shall 대신에 쓸 수 있는 가장 흔한 표현입니다. 예를 들어 **"우리 밥 먹으러 갈까요?"**라고 한다면 Shall we get something to eat?보다 **How about grabbing a bite to eat?** 또는 좀 더 편한 말로 **Wanna grab something to eat?**라고 하면 돼요. 또 비슷한 유형인 What about -ing?도 좋아요.

A **How about** grabb**ing** a bite to eat in Shinchon after class gets out**?**
B Cool. There's this Galbi restaurant I've been wanting to check out.

A 수업 끝나고 신촌에 가서 뭐 좀 먹을까?
B 좋아. 평소에 가고 싶었던 갈비집이 있어.

² Why don't we ~?

한국인들이 많이 안 쓰는 **Why don't we ~?**를 쓰는 것도 아주 좋은 방법입니다. Why don't we stop by a coffee shop after this?(이거 하고 커피숍에 들르는 거 어떨까?)라고 하면 부드럽고 정중하게 제안하는 말입니다.

A **Why don't we** work on this together**?**
B You took the words right out of my mouth. I was just about to ask you the same thing.

A 우리 이거 같이 하는 거 어때?
B 딱 내가 할 말을 했구나. 너에게 똑같은 걸 막 물어보려던 참이었는데.

이것만은 확실히!

'~할까요?'와 관련된 표현

1 How about -ing?
2 Wanna ~?
3 What about -ing?
4 Why don't we ~?

'땡땡이치다'와 '따돌리다'

동영상 강의

¹ To ditch (class) / To skip (class) 땡땡이치다

I **ditched class** yesterday and hung out with my friends at the park.

나는 어제 수업 땡땡이치고 친구들이랑 공원에서 놀았다.

² To ditch someone 누군가를 따돌리다

Why'd you **ditch me** yesterday? I really wanted to tag along with you guys.

너 어제 왜 나 따돌렸어? 나 진짜 너희들 따라가고 싶었어.

3 **To not show up** 약속을 안 지키다

I was supposed to go on a blind date yesterday, but the girl did**n't show up**.

어제 소개팅하기로 되어 있었는데 여자가 약속을 지키지 않았어.

4 **To not be able to make it** 약속을 못 지키다

I do**n't** think I'll **be able to make it** tomorrow.

난 내일 약속을 지킬 수 없을 것 같아.

젊은 사람들에게 유용한 표현

1 To ditch (class) / To skip (class) 땡땡이치다

2 To ditch someone 누군가를 따돌리다

3 To not show up 약속을 안 지키다

4 To not be able to make it 약속을 못 지키다

'정신없다'를 영어로

동영상 강의

¹ Flustered 정신이 하나도 없는, 허둥지둥하는

I was running all around town today. I was so **flustered**.
오늘 온 동네를 뛰어다녔어. 정말 정신이 하나도 없어.

I was so **flustered** today, I completely forgot it was your birthday.
오늘 정신이 하나도 없어서 네 생일이라는 것도 완전히 잊어버렸어.

> **TIP** '깜빡했다'라는 말은 It slipped my mind 또는 I spaced it이라고 합니다.

² Hectic (정신이 없을 정도로) 바쁜

I have a very **hectic** schedule. 나 정말 정신이 없을 정도로 일정이 빡빡해.

I'd like to meet you next week, but my schedule is just too **hectic**. 다음 주에 널 만나고 싶지만 내 일정이 너무 빡빡해.

3 Chaotic (붐비거나 정리가 되지 않아서) 정신이 없는, 혼란스러운

It was such a **chaotic** scene.
그건 정말 혼란스러운 광경이었어.

It was complete **chaos**.
그건 대혼란이었어.

The neighborhood market was bustling and **chaotic**.
인근 시장은 사람들이 북적이고 정신이 없었다.

4 Scatterbrained 뒤죽박죽인, 산만한

With all I've got on my plate right now, of course I'm going to be a little **scatterbrained**.
내가 지금 할 일이 많아서 당연히 산만할 거야.

'정신없다'와 관련된 표현

1 Flustered   정신이 하나도 없는, 허둥지둥하는

2 Hectic   (정신이 없을 정도로) 바쁜

3 Chaotic   (붐비거나 정리가 되지 않아서) 정신이 없는, 혼란스러운

4 Scatterbrained   뒤죽박죽인, 산만한

'대충대충'을 영어로

동영상 강의

영어로 '**대충대충 하다**'라는 표현을 묻는 분들이 많아서 이번에 배워 보겠습니다.

1 Half-assed / Half-ass 대충대충 하는 (속어)

He made a **half-assed** attempt at a speech.
그는 연설을 대충 하였다.

2 To wing it 즉석에서 대충 하다

I didn't bring my presentation, so I **winged it**.
나는 발표 자료를 가지고 오지 않아서 즉석에서 대충 하였다.

3 **Halfhearted** 미지근한

A **halfhearted** attempt
미지근한 시도(제대로 노력도 해 보지 않음)

> **Tip** '대충대충 하지 말고 진지하게 해라'라고 말하고 싶으면 You need to take this seriously라고 하면 됩니다.

4 **Slipshod** 미적지근한, 엉성한, 대충 하는

5 **Cursory** (글 등을) 대충 훑어보다

6 **Shoddy** 소홀히 하다, 노력을 하지 않다

7 **In a perfunctory way** 제대로 노력하지 않는

> **Tip** '부지런한 사람'을 말할 때 형용사 diligent는 거의 안 써요. 대신 a hard worker라고 합니다.

'아쉽다'를 영어로

동영상 강의

이 표현은 청취자들이 제일 많이 궁금해 하는 표현입니다. 한국인들은 shame을 '창피하다'라고만 알고 있는데 **'안됐다'**, **'아쉽다'**라는 뜻도 있어요.

예를 들어 일행 중에 약속이 있어서 먼저 자리를 뜨겠다고 하는 친구한테 **It's a shame** you have to leave so early라고 하면 '네가 빨리 일어나야 한다고 하니 아쉽다'가 됩니다. 하지만 누군가가 돌아가신 상황에 한국말로 '아쉽다'라고 하지 않듯이 이 표현도 그럴 때는 절대 쓰면 안 됩니다. **가벼운 상황에서의 유감을 표현할 때** 쓰는 말이죠.

A She's going out with that guy?

B **That's a** real **shame**. I was just about to ask her out.

A 그녀가 저 남자랑 데이트하는 거지?
B 정말 아쉬워. 막 그녀에게 데이트 신청을 하려던 참이었는데.

It's a shame you can't stay in Korea longer. There's still so much to see.
당신이 한국에 더 오래 머물 수 없다니 아쉬워요. 아직 볼 게 너무 많은데.

It's a shame we missed the Yeosu Expo. It really was the chance of a lifetime.
여수 엑스포를 놓쳐서 아쉬워. 정말 평생에 한 번 있을까 말까 한 기회였는데.

It's a shame they couldn't stay for dinner.
그들이 저녁을 먹고 가지 못해서 아쉬웠습니다.

It's a shame you never told your father how you felt while he was still alive.
네 아버지가 살아 계시는 동안 한 번도 네 감정을 털어놓지 못했다니 안타깝다.

It's a shame we never got the chance to work together.
우리가 함께 일할 기회가 한 번도 없었다니 아쉬워요.

> **Tip** It's a shame과 비슷한 표현으로 It's a bummer 또는 It's too bad가 있습니다.

'나랑 사귀어 줄래?'를 영어로

동영상 강의

한국어로는 **'사귀다'**라는 표현이 이 말 하나만 있는 반면 **영어는 상황에 따라 다양하게 표현**할 수 있습니다.

¹ **To be going out**

누군가와 사귄다고 말할 때 가장 많이 쓰는 표현입니다. 주의할 것은 보통 **'사귄다'**고 말할 때는 to be going out처럼 진행형으로 쓰고 '단순하게 밖으로 나간다'고 할 때는 현재형으로 씁니다.

Will you **go out** with me? 나랑 사귀어 줄래요?

Do you want to **go out** (with me)? 나랑 사귀어 줄래요?

² **To be together**

이 말은 **'커플이 되었다'**라는 표현으로, 문맥을 통해서 단순히 함께 있는 것인지 사귀는 커플인지를 판단하면 됩니다.

How long have you **been together**? 너희 사귄 지 얼마나 됐어?

³ To be dating

이 표현은 **지속적으로 계속 데이트를 하는 경우**를 말하고, '지금 이 순간에 데이트를 하고 있다'고 말하고 싶으면 They are on a date라고 말하면 됩니다.

⁴ To be an item / To go steady

커플에 대해 재밌게 말하고 싶을 때 쓰는데, 약간 옛날식 표현이기는 하지만 원어민이라면 누구나 알고 있는 말입니다.

⁵ To be seeing each other

이 말은 직역하면 '서로 바라보고 있다'라는 말이지만 종종 **'서로 사귀고 있다'**라는 의미로 쓰이기도 합니다. 이 표현은 현재진행형으로 써야 합니다.

Are you **seeing** anyone? 누구 만나는 사람 있어요?

⁶ To be serious

이 표현은 **'진지하게 사귀다'**라는 의미입니다.

Are you two **serious**? 너희 지금 진지하게 사귀는 거니?

'멍때리다'를 영어로

동영상 강의

'멍때리다'라는 표현은 표준어는 아니고 신조어입니다. 신조어라도 사람들이 많이 쓰는 표현은 배워둘 필요가 있어요. 예를 들어 공부를 하다가 갑자기 먼 산을 바라보며 멍하니 있을 때 소위 '멍때리다'라고 합니다. 이 표현을 영어로 뭐라고 하는지 알아볼게요.

1 To zone out

한국말의 **'멍때리다'**와 가장 비슷한 표현은 to zone out입니다. 그 외에 '잠이 들다', '의식을 잃다'라는 뜻도 있으며 격식을 차리는 자리에서는 쓰지 않습니다. '멍때리다'라는 뜻으로 daydream이라는 말도 쓸 수 있습니다.

| **I zoned out.** 난 잠깐 멍때리고 있었어.

2 Lost in thought

생각에 깊이 잠긴 나머지 '넋을 놓은 듯한 상태'를 보고 lost in thought 또는 spacing out이라고 합니다.

I was **lost in thought**.   나 사색에 잠겨 있었어.

I was **spacing out** for a second.   잠깐 넋을 놓고 있었어.

> **Tip** Space out에서 out을 빼고 I spaced it 하면 '까맣게 잊어버렸다'가 됩니다.

3 My mind was wandering.

'다른 생각을 하느라 어떤 일에 집중을 못했다'라는 말은 My mind was **wandering** 이라고 합니다.

My mind was wandering.   나 딴 생각하고 있었어.

4 In the zone

In the zone 하면 어떤 일의 '삼매경에 빠진' 상태를 말합니다.

Nothing could distract me today. I was really **in the zone**.
오늘은 아무것도 나를 방해하지 못했어. 나 완전히 삼매경에 빠졌었어.

이것만은
확실히!

'멍때리다'와 관련된 표현

1 To zone out / To daydream   멍때리다
2 Lost in thought / Spacing out   넋을 놓다
3 My mind was wandering.   나 딴 생각하고 있었어.
4 In the zone   삼매경에 빠진

'답답하다'를 영어로

동영상 강의

¹ Cramped

'(방 등이) 비좁은'이라는 뜻입니다.

It's **cramped** in here. 여기 답답하다.

This room is a little **cramped**. 이 방은 조금 답답해요.

These seats are so **cramped**. 이 좌석들은 너무 답답해.

> **Tip** '공간이 너무 좁아서 답답하다'는 I have no elbow room 또는 There's no wiggle room이라고도 할 수 있습니다.

118

2 Stuffy

보통 '(꽉 막혀서) 답답한'이라는 뜻인데 때에 따라서 **'딱딱하고 고루한'** 사람에게도 씁니다.

It's so **stuffy** in here. 여기 너무 답답하다.

My nose is **stuffy**. 내 코가 꽉 막혔어.

He is such a **stuffy** old man. 그는 정말 꽉 막힌 노인이다.

3 Suffocating

'(날씨나 옷에 의해) 숨 막히고 답답한'이라는 뜻입니다. 온도가 높은데 습도까지 높으면 숨이 막힐 듯이 답답하죠? 또는 터틀넥 상의를 입었을 때도 목이 답답할 수 있는데 그럴 때 쓸 수 있습니다.

> **Tip** 비슷한 표현으로 stifling이 있습니다. stifling weather (숨 막히는 날씨), stifling heat (숨 막히는 열기), stifling humidity (숨 막히는 습도)라고 쓸 수 있죠.

4 Frustrated

10년도 넘게 영어 공부를 했는데 외국인을 만나면 입이 안 떨어질 때 **'답답하다'**고 느끼죠? 그때 이 표현을 쓰면 됩니다.

I'm **frustrated**. 답답해요.

English is so **frustrating**. 영어 때문에 정말 답답하다.

5 Tied down

'구속된', '하고 싶은 것을 하지 못하고 갇혀서 답답한'이라는 뜻입니다.

I feel really **tied down**. 정말 구속된 느낌이야.

재미있는 한국어 표현 몇 가지를 영어로

동영상 강의   MP3 강의

¹ Intense / Tough / Rigorous

'빡세다'는 영어로 intense / tough / rigorous라고 합니다. Intense는 조금 속어의 느낌입니다.

Our school is so **intense**, even the smart kids have a hard time.
우리 학교는 너무 빡세서 똑똑한 애들도 힘들어해요.

Work has been so **intense** lately, I think I'm gonna die.
요즘 직장에서 너무 빡세게 일을 시켜서 힘들어 죽겠어요.

² To honk the (car) horn

'**빵빵거리다**'는 영어로 to honk the (car) horn이라고 합니다. 이때 동사로 honk 를 쓰지 press, use 등은 쓰지 않아요.

It looks like the car ahead of us is just waiting for someone to cross the street. Why are you **honking** like that?

우리 앞 차가 길 건너는 사람을 기다리고 있는 모양인데, 너는 왜 그렇게 빵빵거려?

³ Zip / Nada

한국 사람들이 가볍게 말할 때 '영(0)' 대신에 '**빵**'을 쓰듯이 영어에서도 zip이라는 표현이 있어요. Zippo 또는 nada라는 표현도 있습니다.

A How many people came to your photography club?

B **Zippo**, again!

A 사진 동아리에 몇 명 왔어?

B 또 빵 명이었어!

⁴ It was all just a joke! / ...NOT!

믿기 어려운 말을 해놓고 상대방이 막 넘어오려는 순간에 '**빵이야!**' 하고 외칠 때 영어로 는 'NOT!'이라고 말해요. 특히 상대방이 듣고 싶어하는 말을 하고 나서 마지막에 NOT 이라고 외치며 말을 번복하죠. It was all just a joke라고 말하기도 합니다. 또한 '**빵 치다**'라는 뜻으로 to tell tall tales라는 표현도 있습니다.

So you want me to just walk over to the bank and withdrawal one million won in cash and give it you? OK, sure. No problem...**NOT!**

그러니까 내가 그냥 은행에 가서 100만 원을 뽑아서 너에게 줬으면 한다는 거지? 그래, 당연히 해 주지…….
빵이야!

Why do you keep **telling tall tales**? Nobody believes you!

너 왜 그렇게 뻥쳐? 아무도 안 믿거든!

일상적인 한국어를 영어로 1편

동영상 강의   MP3 강의

아래 표현들은 일상적으로 자주 쓰지만 막상 영어로 옮기려면 뭐라고 해야 되는지 쉽게 떠오르지 않는 표현들입니다. 먼저 영어로 생각해 보고 오른쪽 페이지에 있는 정답을 확인하세요.

1   (계획이나 다른 사람의 제안에 대해) 그건 안 될 것 같아요.

2   왜 내 전화 안 받아?

3   배고파 죽겠어요.

4   그 사람 때문에 미치겠어요.

5   그 사람이 한 말에 상처 받았어.

6   그 사람이 한 말에 100% 동의합니다.

7   이 숙제 내일까지 내야 해.

8   이번 주말에 뭐 할지 아직 결정 못 했다.

9   그 친구 되게 오랜만에 봤다.

10   애인하고 싸웠는데 어제 화해했어.

1   I don't think that will work out.

2   Why aren't you taking my calls?
     오답 Why don't you answer my phone?
        Why aren't you answering my phone?

3   I'm starving to death.

4   He's driving me crazy.

5   I was hurt by what he said.

6   I agree 100 percent with what he said.
     오답 I agree with his saying.

7   I have to hand in this homework [assignment] by tomorrow.
     오답 I have to hand this homework in until tomorrow.

8   I still haven't decided what to do this weekend.

9   It had been a long time since I had seen him.
     오답 It had been a long time for me to see him.

10   I got in a fight with my girlfriend [boyfriend], but we made up yesterday.

일상적인 한국어를 영어로 2편

동영상 강의

MP3 강의

아래 표현들은 일상적으로 자주 쓰지만 막상 영어로 옮기려면 뭐라고 해야 되는지 쉽게 떠오르지 않는 표현들입니다. 먼저 영어로 생각해 보고 오른쪽 페이지에 있는 정답을 확인하세요.

1 (제안이나 계획에 대해서) (나한테) 괜찮아요. / 좋은데요.

2 가방이 꽤 낡았네요.

3 (〜한 지) 10년 넘었어요.

4 올해로 20년 됐습니다.

5 (행동이나 태도에 대해서) 왜 그러는 거죠?

6 너 오늘 또 지각했어.

7 왜 요새 통 연락이 없었어요?

8 웬 넥타이?

9 너 먼저 도전해 볼래?

10 그는 굉장히 열심히 사는 사람이다.

1 It's OK with me.

That's OK with me.
   오답 It's OK to me.

2 Your bag is really worn out.
   어색한 표현 Your bag is old.

3 It's been more than 10 years.
   어색한 표현 It's over ten years.

4 This is my twentieth year.

It's been 20 years as of this year.

This year it will have been 20 years.

5 Why are you doing (it like) that?

Why are you acting like that?
   어색한 표현 Why are you doing like that?

6 You were tardy again today.

7 Why don't you ever call?

Why do you never call me anymore?

8 What's with the necktie?

9 Do you want to give it a try first?

Who wants to give it a shot?

10 He's a very hard-working man.

He is very driven.

He's very motivated.
   어색한 표현 He is very diligent.

일상적인 한국어를 영어로 3편

동영상 강의 1　동영상 강의 2　MP3 강의

아래 표현들은 일상적으로 자주 쓰지만 막상 영어로 옮기려면 뭐라고 해야 되는지 쉽게 떠오르지 않는 표현들입니다. 먼저 영어로 생각해 보고 오른쪽 페이지에 있는 정답을 확인하세요.

1　아이를 유치원에 맡겼어요.

2　그렇게 말해 줘서 고마워요.

3　내 자동차가 고장 났어요.

4　휴대폰 배터리가 나갔어요.

5　그것에 대해 관심이 있어요.

6　그는 서울에서 가장 돈 많은 사람 중 한 명이야.

7　먼저 먹어.

8　이거 먹어도 돼?

9　빌린 돈은 다 갚았어?

10　그러게 말이야.

11　그 애가 한 짓을 어머니한테 일렀어.

12　그는 놀란 척했다.

1   I dropped my son [daughter] off at kindergarten.

2   Thanks for saying that.
        오답▶ Thanks for saying like that.

3   My car broke down.
        어색한 표현▶ My car broke.

4   My phone ran out of batteries.

5   I'm interested in that.
        오답▶ I'm interested about that.
            I have interest about that.

6   He's one of the richest people in Seoul.
        오답▶ He's one of the richest person in Seoul.

7   Go ahead and eat.
       Feel free to go ahead and eat.

8   Do you mind if I eat this?
       Is it all right with you if I eat this?

9   Did you repay the money that you borrowed?

10   That's what I'm saying.

11   I told on him.
        오답▶ I told about his acting to my mom.

12   He pretended to be surprised.

(팟캐스트 100회 특집)
일상적인 한국어를 영어로 4편

동영상 강의 1　동영상 강의 2　MP3 강의

아래 표현들은 일상적으로 자주 쓰지만 막상 영어로 옮기려면 뭐라고 해야 되는지 쉽게 떠오르지 않는 표현들입니다. 먼저 영어로 생각해 보고 오른쪽 페이지에 있는 정답을 확인하세요.

1　한국인인지 중국인인지 구별할 수 있어요?

2　우리 가족은 네 명이다.

3　이 과제 내일 4시까지 끝내야 돼요.

4　어제 두 시까지 놀았어요.

5　스트레스 많이 받고 있어요.

6　우리 이사했어요.

7　시험 준비하고 있어요.

8　그 애는 놀기만 해.

9　내가 하는 말 절대 안 들어요.

10　무슨 말인지 알겠어요.

1 Can you tell the difference between Chinese people and Koreans?

2 There are four people in my family.
There are four of us in my family.
어색한 표현 My family has four members. **오답** My family is four.

3 I need to finish this assignment by four o'clock tomorrow afternoon.

4 I stayed out drinking till two in the morning.
I was out partying till two last night.

5 I've been under a lot of stress recently.
I've been under so much stress lately.
오답 I'm so stressful these days.

6 We moved.
어색한 표현 We moved houses.

7 I'm preparing for a test.

8 All he (ever) does is play around.
He's always just messing around.

9 He never listens to what I say.
He never listens to what I'm saying.

10 I know what you're saying.
I know what you're talking about.

일상적인 한국어를 영어로 5편

동영상 강의

아래 표현들은 일상적으로 자주 쓰지만 막상 영어로 옮기려면 뭐라고 해야 되는지 쉽게 떠오르지 않는 표현들입니다. 먼저 영어로 생각해 보고 오른쪽 페이지에 있는 정답을 확인하세요.

1 그 시험에서 5개 틀렸어요.

2 몇 개 맞았어요?

3 그 애는 만점 받았대.

4 어제 출근길에 계속 졸았다.

5 직업이 뭐예요?

6 어떤 종류의 직업에 종사하세요?

7 나하고 같은 취미를 가지고 있다.

8 보통 나와 동갑인 사람하고 제일 잘 어울리는 것 같아요.

9 (내가) 전화 끊었어요.

10 (그 사람이) 갑자기 전화 끊었어요.

11 (그녀가) 어떻게 지내는지 궁금하다.

12 그 친구하고 절교했다.

1 I got five (questions) wrong on the test.

2 How many questions [answers / problems] did you get right?

3 He says he got a perfect score.

4 I kept dozing off on the way to work yesterday.
오답 I kept sleeping on the way to work yesterday.

5 What do you do?
어색한 표현 What is your job?

6 What line of work are you in?

7 He has the same hobby as me.
오답 He has the same hobby with me.
He has same hobby with me.

8 I usually get along best with people who are the same age as me.
오답 Same age with me.

9 I hung up (the phone).

10 He hung up on me.

11 I'm curious how she's doing.

12 We're not on speaking terms anymore.
I severed all ties with her.

일상적인 한국어를 영어로 6편
(아이작 선생님과 함께)

아래 표현들은 일상적으로 자주 쓰지만 막상 영어로 옮기려면 뭐라고 해야 되는지 쉽게 떠오르지 않는 표현들입니다. 먼저 영어로 생각해 보고 오른쪽 페이지에 있는 정답을 확인하세요.

1   엄마한테 혼났어?

2   완전 혼났어(깨졌어).

3   걱정해 줘서 고마워요.

4   죄송합니다. 앞으로는 이런 일 없도록 하겠습니다.

5   주말에 남자(인) 친구 만났어요.

6   이따가 외식하러 나가자.

7   금방 갈게요.

8   다음(정류장)에 내려요.

9   먼저 도착하면 내 자리 잡고 있어.

10 나는 더 열심히 공부할 필요가 있다.

1   Did you get in trouble with your mom?

2   I got in big trouble.
     I got yelled at.

3   Thanks for your concern.
     Thanks for caring.
     Thanks for asking.

4   I'm so sorry. I'll make sure this never happens
     again.

5   I met a guy friend last weekend.

6   Let's go out to eat later.

7   I'll be right there.

8   I'm getting off at the next stop.
     This is my stop.
     I'll be getting off here.

9   If you get there first, save a seat for me.

10   I need to study harder.
     I need to work harder.

미국식 영어와 영국식 영어의 차이점 몇 가지

동영상 강의

많은 분들이 미국식 영어와 영국식 영어의 발음 차이를 궁금해 하세요. 발음의 차이를 글로 설명하는 게 무리는 있지만, 간단하게 살펴볼게요.

먼저 사투리가 생긴 배경부터 알아볼게요. 옛날 사람들은 교통수단이 발달하지 않아 쉽게 먼 거리를 다니지 못했어요. 그래서 주로 좁은 반경 안에 살다 보니 동떨어진 지역에 사는 사람들의 말은 서로 다르게 진화했어요. TV와 라디오 없는 세상에서 '표준'이 어떤 것인지도 몰랐을 테니까요.

거리가 가까운 지역이라도 먼 옛날부터 토착민들이 살았던 지역이면 서로 발음 차이가 많이 나고, 거리가 멀더라도 지역민이 정착한 지 얼마 안 된 지역이면 서로 발음이 비슷해요. 한 예로 미국을 보면 동부 쪽 사람들은 500년 전부터 토착민이 살았기 때문에 지리적으로 가까운 도시라도 서로 발음이 달라요. Boston과 New York의 거리가 가까운데도 불구하고 발음이 다른 것이 그 탓이죠. 반면에 서부 쪽 사람들은 타 지역에서 이주해 온 사람들이 대부분이니까 멀리 떨어진 도시끼리도 발음이 똑같아요. 예를 들어 Seattle과 San Diego는 2,000km의 거리에도 불구하고 발음 차이가 하나도 안 나죠.

American culture

한 나라 안에서도 이렇게 발음 차이가 많이 나기 때문에 같은 영어라도 나라 사이의 차이를 일반화하기는 쉽지 않지만, 대표적인 것을 알려 드리겠습니다.

일단 미국에서는 집합명사를 단수 취급합니다. 그래서 미국에서는 The team is heading to New York for a game tonight이라고 하는데 영국에서는 The team are heading to New York for a game tonight이라고 합니다. 또 영국에서는 The government are…라고 하고 미국은 The government is…라고 합니다. 대부분 미국인들은 영국에서 이렇게 말한다는 걸 모르기 때문에 미국에서 The class are…같은 표현을 쓰면 상대방이 '영국식으로 말하네'라고 생각하지 않고 '문법이 틀리네'라고 생각하니 주의하세요.

또 몇몇 동사를 과거형으로 쓸 때 맞춤법이 다른 것도 있어요. 예를 들어 미국에서는 learned, burned, smelled, spoiled, dreamed 다 -ed를 붙여서 과거형을 만드는데 영국에서는 t를 붙여요. Learnt처럼 말이죠. 그리고 또 중요한 차이로는 미국에서는 get의 과거분사형이 gotten인데 영국에는 gotten이라는 단어가 아예 존재하지 않습니다. 대신 그냥 got만 써요.

그리고 발음에 대해서 조금만 얘기하자면 제가 봤을 때는 R 발음이 제일 다른 것 같아요. 예를 들어 car를 발음한다고 하면 영국에서는 R 발음이 없는 것처럼 말해요. 대신 원래 R이 없는 단어에 가끔 R 발음을 붙이기도 하죠. 예를 들어 idea를 말할 때 제가 듣기에는 idear처럼 들려요.

그리고 모음의 발음 차이가 좀 있습니다. a를 미국식으로 발음하면 한국말의 '애'에 가까운데, 영국식은 '아'에 가깝습니다. 반면 o는 미국식으로 '아'에 가깝지만, 영국식은 '오'에 가까워요. 이 밖에도 미국에서는 t 발음을 살리지 않는 경향이 있는데 영국 사람들은 살려서 발음하는 게 흔하죠.

주제별
회화 연습

Lesson 44

휴대폰에 관련된 표현

요즘 휴대폰을 사용하지 않는 사람들은 없죠. 그러니까 휴대폰에 관련된 표현을 알아 두는 것도 중요합니다. 이번에는 휴대폰과 관련된 표현을 알아볼게요.

표현 알아보기

Cell phone   휴대폰

Service plan / Billing plan   요금제

The unlimited data plan   데이터 무제한 요금제

To plug in   (전원선 등을) 꽂다

To unplug   (전원선 등을) 빼다

Charger   충전기

Power cable   전원선

What billing plan are you on?
어떤 요금제 쓰세요?

I'm almost out of batteries.
배터리 거의 다 나갔어.

My phone died.
휴대폰 죽었어(배터리 다 됐어).

Yesterday, when I was in the middle of talking to my dad on the phone, my battery died.
어제 아버지와 전화 통화 중에 내 핸드폰 배터리가 나갔어.

My phone ran out of batteries.
휴대폰 배터리 다 나갔어.

We might get cut off because my phone is about to run out of batteries.
배터리 거의 다 나가서 끊길지도 몰라.

I didn't hang up on you.
전화 끊은 거 아니야.

Would you plug this in for me, please?
이거 전원에 좀 꽂아 주시겠어요?

사주, 궁합, 무당 따위에 대해서 얘기할 때

MP3 강의 1

MP3 강의 2

미래를 보고 싶을 때 미국과 한국에서 쓰는 방법이나 사람들이 접근하는 자세(주로 가볍게, 재미로)는 거의 비슷합니다. 미국에서도 손금, 사주, 점 등을 보는데 미국인들이 제일 많이 신경 쓰는 것은 신문에 나오는 별자리 운세인 것 같아요. 한국에서 새로운 사람을 만날 때마다 혈액형을 물어보는 것처럼 미국인들은 상대방의 별자리에 대해서 관심이 많거든요.

미국에서 쓰이는 점성학은 그리스에서 비롯된 것이고 한국에서 쓰이는 것은 중국식인데, 전체적인 개념은 비슷합니다. 타로는 유럽에서 온 거라 한국식과 미국식이 똑같고 한국식 손금 보는 방식과 미국식 손금 보는 방식도 비슷한 것 같아요.

그럼 이런 **운세, 점술 등에 쓰이는 영어 단어와 표현**은 어떤 것이 있는지 알아보겠습니다.

Horoscope / Astrology 별점, 점성학

A fortuneteller / An astrologer 점쟁이

Sign (of the zodiac) 별자리

Chinese zodiac 띠

Palmistry 손금

Tarot 타로

A phrenologist / A face reader 관상

A shaman 무당

An exorcism / Placation of spirits 굿

Luck in the new year 신년 운수

Horoscope 별자리 운세

Birth year, month, and date 생년월일

Selection of an auspicious date 택일

Feng shui 풍수지리(중국식 발음으로 널리 알려져 있음)

Superstition 민속신앙, 미신

To be possessed 신들리다

Assess astrological compatibility 궁합을 보다

To foretell 예언하다

To predict 예측하다

Lucky with money / Lucky in business 재물운이 있다

Lucky in love 애정운이 있다

That fortuneteller is always right on the mark. 그 점쟁이 족집게다.

🛜 이렇게 쓰세요!

1 점쟁이에 대해서 이야기하기

A Have you ever been to see **a fortuneteller**?

B No, I don't really believe in that kind of thing.

A Even if you don't believe in it, it can still be a fun experience.

A 너 점쟁이한테 가 본 적 있어?
B 아니, 난 그런 거 안 믿거든.
A 그런 걸 믿지 않더라도 경험해 보는 건 재밌잖아.

2 무당에게 다녀온 경험을 친구에게 이야기하기

A Last week I went to see **a shaman**.

B What did she say? Did she **predict** your future?

A She said that I would have **good luck in business** but be **unlucky in love**. It was really scary though. She started talking in a strange voice—it was like she was possessed.

B The sounds freaky, but I'm still curious what she could **foretell** about my future.

A 지난주에 무당에게 다녀왔어.
B 그녀가 뭐래? 미래에 대해서 무슨 예언이라도 해 줬어?
A 내가 재물운은 있다고 하는데 애정운은 없대. 근데 좀 무서웠어. 무당이 신들린 것처럼 이상한 목소리로 말하기 시작하더라고.
B 좀 오싹하기는 해도 내 미래를 예언해 준다는 게 좀 신기하기는 해.

③ 궁합 본 경험에 대한 이야기하기

A I finally took my girlfriend to **an astrologer** to check our **compatibility**.

B And? What did he say?

A He said we are a match made in heaven.

B Congrats! Of course you know that stuff is all make-believe, right?

A 드디어 궁합을 보러 내 여자 친구를 사주 봐 주는 사람에게 데려갔어.

B 그리고? 뭐래?

A 우리가 천생연분이래.

B 축하해! 당연히 다 미신인 건 알지?

④ 혈액형과 별자리에 대한 이야기하기

A What's your blood type?

B Believe it or not, I don't even know.

A How could you not know your own blood type?

B In the US, nobody really thinks that has anything to do with your personality, so a lot of people don't know. Instead, people usually ask about your **sign of the zodiac**.

A 너 혈액형이 뭐야?

B 믿거나 말거나, 나도 몰라.

A 어떻게 자기 혈액형도 모를 수가 있어?

B 미국에서는 아무도 혈액형이 성격과 관련이 있다고 생각하지 않아서 많은 사람들이 몰라. 대신 별자리를 주로 물어보지.

쇼핑할 때 쓰는 영어

동영상 강의

MP3 강의 1

MP3 강의 2

미국에서 백화점에 쇼핑하러 가면 인건비가 비싸서 그런지 직원이 한국만큼 많지 않습니다. 한국에는 자그마한 매장에도 직원이 3~4명씩 있고 가까이 가기만 하면 손님 쪽으로 돌진하잖아요. 이것에 익숙치 않았던 저는 처음에 한국에서 쇼핑하는 것이 많이 불편했어요. 미국에서는 도움이 필요하면 손님이 직원에게 도움을 달라고 요청하는 식이니까 외국인 고객이 많은 가게에서 일하시는 분들이라면 이 차이점을 염두에 두시면 좋을 것 같습니다. 이번에는 옷 쇼핑을 하면서 쓸 수 있는 표현을 알아볼게요.

표현 알아보기

Try on 입어 보다

Put on 옷을 입다

Wear 옷을 입고 있다. 입다

In-store credit 해당 매장에서만 쓸 수 있는 상품 교환권

Gift receipt 선물할 때 쓰는 가격이 표시 안 된 영수증(받은 사람이 교환을 원할 때 쓰는 것)

Clash 두 색깔이 불협화음 나듯이 어울리지 않다. 불일치(모양보다는 색이 어울리지 않을 때)

Changing room 탈의실

144

🛜 이렇게 쓰세요!

❶ 옷 입어 보기

직원 Hi, welcome to the Gap. Just let me know if you need any help.

손님 I'd like to try this on.

직원 All right. Let me see if there are any available changing rooms.

직원 Gap 매장에 오신 것을 환영합니다. 도움이 필요하시면 말씀해 주세요.
손님 이 옷을 입어 보고 싶은데요.
직원 네, 빈 탈의실이 있는지 찾아보겠습니다.

❷ 옷 고르기

직원 How's that working out for you?

손님 I don't know—it seems a little tight.

직원 Let me take a look. It's actually in fashion now to wear it that way.

손님 All right. You convinced me.

직원 그거 어떠신가요?
손님 잘 모르겠어요. 조금 끼는 것 같아요.
직원 제가 좀 볼게요. 사실 요즘에는 그렇게 입는 게 유행입니다.
손님 그래요. 당신이 절 설득했네요.

❸ 의견 물어보기

손님 How does this look on me?

친구 The top looks OK by itself, but it kind of clashes with your pants.

손님 Do you think it compliments my figure?

친구 Yeah, it's hot.

손님 이거 어때 보여?
친구 상의만 보면 괜찮은데 바지랑 색이 좀 안 어울린다.
손님 내 몸매가 사는 것 같아?
친구 응. 멋져.

❹ 계산하기

손님 　Is it all right if I wear this out of the store?

직원 　Sure, I'll just need the tags off of it.

손님 　And this shirt is a present for my husband. Can I have a gift receipt for it?

직원 　No problem. Will that be cash or credit?

손님 　I'll be putting it on my card. And what's your exchange policy again?

직원 　Cash refunds are possible for 15 days after purchase. After that, it's in-store credit for a month.

손님 　제가 이걸 가게 밖에서 바로 입어도 되나요?

직원 　물론입니다. 제가 정가표를 떼 드릴게요.

손님 　그리고 이 셔츠는 제 남편 선물이에요. 선물용 영수증을 받을 수 있을까요?

직원 　그럼요. 현금으로 하시겠습니까, 신용카드로 하시겠습니까?

손님 　카드로 할게요. 교환 정책이 어떻게 된다고요?

직원 　현금 환불은 구입 후 15일까지 가능하시고 그 이후에는 해당 매장 상품 교환권으로 한 달까지 가능합니다.

기타 표현

Compliments one's figure 　체형에 잘 맞다

I'll take this. 　이걸로 할게요.

Do you have this in another color? 　이거 혹시 다른 색깔도 있어요?

Could you recommend something for me?
나에게 추천해 줄 만한 것 있어요?

Will you be paying in cash?
현금으로 계산하실 건가요?

Will you be paying on your card [with a credit card]?
카드로 계산하실 건가요?

Can I put this on my credit card? 　카드로 계산할 수 있나요?

It's in fashion right now. / It's a fad. 　지금 유행이다.

146

Lesson 47

약국에 갈 때 (A Trip to the Pharmacy)

 동영상 강의
 MP3 강의

한국 사람들이 다른 나라에 비해 유독 약을 먹는 시기에 대해 엄격한 것 같아요. 미국 같은 경우는 식후 약을 먹는 것은 권장일 뿐 의무는 아니라고 생각하거든요. 이번 학습에서는 약국 또는 약에 관련된 표현을 알아볼게요.

표현 알아보기

Before meals 식전

After meals 식후

At mealtime 식사 시

Pharmacist 약사

Cold medicine 감기약

A headache remedy 두통약

A headache 두통

A fever 열

Body aches, body fatigue 몸살

A cough 기침

To get an injection [a shot] 주사를 맞다

Pharmaceuticals 약품

Oriental medicine 한약

Western medicine 양약

A digestion aid / A digestive 소화제

A painkiller 진통제

An antibiotic 항생제

Ointment 연고

An injury 상처

A scar 흉터

Medical treatment 치료

A restorative / A tonic 보약

A prescription 처방전

A pharmaceutical company 제약회사

Big Pharma 거대 제약회사

A sleep aid / Sleeping pill 수면제

A tranquilizer 신경안정제

Side effect 부작용

Withdrawal symptoms 금단 현상

Drug dependency / Drug addiction 약물 중독

To fill a prescription / To dispense a medication 조제하다

A vaccination 접종

A prophylactic [preventative] injection 예방 주사

Health supplements 건강 보조 식품

Take two capsules twice daily.
하루에 두 번 두 알씩 드세요.

Take one tablet three times daily with meals.
하루에 세 번 식사할 때마다 한 알씩 드세요.

I have a fever.
열이 나요.

I have a very severe cough.
기침이 너무 심해요.

I keep getting the chills.
계속 오한이 나요.

I'm completely over the cold.
감기가 다 나았어요.

The cold is still lingering on; I still haven't gotten over my cold.
아직 감기 기운이 있어요.

I have a rash on my thigh.
허벅지에 두드러기가 났어요.

Do I need a prescription for this?
처방전 받아 와야 돼요?

Can long-term use of this medication lead to addiction?
이 약은 장기적으로 복용하면 중독될 수도 있나요?

Lesson 48

비행기 여행 특집

동영상 강의

이번에는 비행기와 관련된 표현을 알아보겠습니다.

표현 알아보기

Curbside check-in 공항 앞의 도로에서 가방을 맡기고 탑승 수속하는 과정

> **Tip** 한국에는 없는 것 같고 미국 등에서 국내 여행을 할 때 주로 많이 봤어요.

Skycap 공항 밖의 수화물 운반원

> **Tip** Curbside check-in을 하면 보통 Skycap에게 가방 수에 따라 2–5불을 팁으로 줍니다.

Check-in 탑승 수속

> **Tip** 공항 안에서 탑승 수속을 할 경우에는 팁을 주지 않아도 됩니다.

Checked bags 비행기에 맡기는 가방

Carry-on bags 들고 탑승하는 가방

Security check 보안 심사

Security screening 검색 절차

Pat-down (무기 같은 것이 있는지 확인하기 위해) 옷 위로 더듬어서 하는 몸수색

The Tarmac 활주로를 포함해서 공항에서 비행기가 다니는 모든 도로

The runway 활주로

Taxiing 활주

Takeoff 이륙

Landing 착륙

The flight deck 조종실

Midair 공중에서

Cruising altitude 순항 고도

Cabin 기내

Cash-less cabin (음료수 등을 살 때) 현금 안 받는 기내

Baggage claim 수하물 찾는 곳

🛜 이렇게 쓰세요!

The flight to JFK was overbooked so I got bumped and picked up a free-flight coupon.
JFK 공항에 가는 비행기가 만석이라 다음 비행기 탑승 지원으로 무료 비행 쿠폰을 받았습니다.

Passengers may not congregate in the aisles or in front of the lavatories at any time during the flight.
탑승객은 비행 중에 통로나 화장실 앞에 모여 있으면 안 됩니다.

직장에 관련된 표현

동영상 강의

이번에는 직장에 관련된 표현을 알아볼게요. 한국 사람들은 '회사'라고 하면 제일 먼저 company를 떠올리죠. 그런데 원어민들은 company라고 하면 본인이 CEO일 때만 가끔 쓸 뿐 나머지는 어색하게 생각해요. 대신 **workplace 또는 work**라고 하죠. 직장과 관련된 표현에는 어떤 것이 있는지 배워 봅시다.

표현 알아보기

Workplace   직장

To be a perfect match   완벽하게 맞다

A stressful workplace [environment]   스트레스 받는 직장(환경)

Affluent   부유층의

A dead-end job   미래 없는 직업

A promising job   전망이 밝은 직업

High-paying   고수입의

Low-paying   저수입의

152

I'm at work. 나 회사야.

Tip 어색한 표현: I'm at my company.
(이 표현은 자신이 회사의 CEO일 때만 씁니다.)

How's the new job?
새 직장 어때요?

This job is a good fit (for me).
나한테 딱 맞아요.

This job never was a good fit.
처음부터 나한테 별로 안 맞았어요.

This is my dream job.
내가 꿈꾸던 일이야.

It's a very stressful workplace.
정말 스트레스 많은 직장이야.

My job is hell.
내 일은 최악이다.

Getting along with Coworkers

EnglishinKorean.com

MP3 강의

이번 주제는 '**회사 동료와 친해지기**'입니다. 아래 표현들을 이용해서 회사 동료들과 친해져 보세요.

표현 알아보기

To get along 원만하게 잘 지내다

Coworker 동료

Peer 동기

Superiors 상사

Company get-together 회식

Flattery 아첨

Competition 경쟁

Task 주어진 일/임무

Duties 의무

Job performance 실적

To maintain boundaries 경계를 유지하다

To mind one's own business 남의 일에 참견하지 않다

To spread rumors 소문을 퍼뜨리다

To show respect 예의를 갖추다

To do favors for others 부탁을 들어주다

To stay on the boss's good side 사장님을 열 받게 하는 일은 하지 않다

📶 이렇게 쓰세요!

If you want to maintain good relationships with your **coworkers**, it is most important **to do favors for others** whenever you have a chance.

만약 당신이 직장 동료들과 좋은 관계를 유지하고 싶다면 기회가 있을 때마다 다른 사람들의 부탁을 들어주는 것이 가장 중요하다.

Make sure you stay away from people **who spread rumors**, because you may find yourself getting in trouble too.

당신 자신이 곤란에 처할 수도 있기 때문에 소문을 퍼뜨리고 다니는 사람들을 멀리해야 한다.

Employees who don't **show** the proper amount of **respect** to their **superiors** will always have a hard time getting promoted.

상사에 대해 적절한 예의를 갖추지 않는 직원은 언제나 승진에 어려움을 겪을 것이다.

Being the life of the party at **company get-togethers** is a good way to get close with co-workers, but you have to make sure not to make a fool of yourself.

회식에서 분위기 메이커가 되는 것은 직장 동료들과 친하게 지낼 수 있는 좋은 방법이지만, 웃음거리가 되지는 않도록 해야 한다.

It's important **to maintain boundaries** at the workplace, otherwise coworkers may start to take advantage of you and think that you are a pushover.

직장에서 적정선을 유지하는 것은 중요하다. 그렇지 않으면 다른 사람들이 당신의 친절함을 이용하거나 당신을 만만하다고 생각할 것이다.

I don't think **flattery** is a good way to curry favor from your **superiors**, because they will usually be able to see right through it.

상사들에게 호감을 사는 방법으로 아첨을 하는 것은 별로 좋은 방법이 아니라고 생각하는데, 상사들은 보통 그것을 간파할 수 있기 때문이다.

영화에 대해서 이야기할 때

동영상 강의　　MP3 강의

이번에는 영화와 관련된 표현들을 정리했습니다.

표현 알아보기

Plot 줄거리

Subject matter 소재

The villain 악당

The cast of characters 등장인물

The mood / The feel 분위기

Acting ability 연기력

A true story 실화

Main character 주인공

The moral of the story / The lesson 교훈

Cinematography 촬영 기법(기술)

Director 감독

Script 시나리오

A run 흥행

Box-office profits 흥행 수익

📶 이렇게 쓰세요!

I didn't really care for the movie as a whole, but the acting was
incredible.
그 영화는 전체적으로 봤을 때는 별로였는데 연기는 인상적이었어요.

I saw the movie "Erin Brokovich" last weekend. The mood was
light but it had a definite message.
지난 주말에 "에린 브로코비치"라는 영화를 봤어요. 분위기는 조금 가벼웠는데 뚜렷한 교훈이 있었어요.

I heard the plot of that movie was based on a true story.
그 영화의 줄거리는 실화를 바탕으로 한 거래요.

That movie had a successful run.
그 영화는 성공적으로 흥행했어요.

좋아하는 작품에 대해서
이야기하고 싶을 때

이번에는 예술 작품이나 공연 등을 본 후 쓰는 표현들에 대해서 알아보겠습니다.

1 It touched my heart. / It was touching. 마음에 와 닿다

I've never been so **touched** (by a film).
그 영화 정말 마음에 와 닿았어.

2 It was moving. / I was moved by it. 감동적이다

Have you ever been deeply **moved** by a piece of classical music?
클래식 음악 작품에 감동 받아 본 적 있어요?

3 It flooded me with emotion. 마음을 적시다

Seeing my son, the apple of my eye, up there on stage like that, I was nearly overcome **with emotion**.
저렇게 무대 위에 선 소중한 내 아들을 보니 감정이 북받쳤다.

4 It resonated with the audience. 마음을 울리다

I think that part in your speech about your mother really **resonated with the audience**.
네 연설 중 어머니에 대한 부분은 정말이지 듣는 사람들의 마음을 울렸던 것 같아.

5 Its reverberations are still being felt. 여운이 남다

After Jackson Pollack unveiled his drip paintings, **reverberations were felt** for years in the art world.
잭슨 폴락이 드립 페인팅을 공개한 이후, 예술계에는 몇 년 동안 그 여운이 남았다.

6 It was heart-pounding. 가슴을 뛰게 하다

The **heart-pounding** score really added to the cinematic thrill. 가슴 뛰게 하는 음악은 진정 영화의 스릴을 더해 준다.

7 (It's very) formulaic. 정석 그대로이다

His work does have a broad appeal, but often seems too **formulaic**. 그의 작품은 대중성이 있지만, 종종 너무 정석을 따른 것처럼 보인다.

8 It was cliché. / It was tired. 진부하다

The movie was filled with **cliché** dialogue and tired plot devices.
그 영화는 진부한 대사들과 지루한 구성 장치들로 가득했다.

9 It was a laudable attempt. 칭찬할 만한 시도이다

In his first symphony, his own artistic voice was still unclear, but the work **was a laudable attempt**.
그의 첫 교향곡에는 그만의 예술적 목소리가 분명히 드러나지는 않았지만 그 작품은 칭찬할 만한 시도였다.

10 Experimental 실험적인

I prefer **experimental** animation to more traditional works.
나는 고전적인 것보다 실험적인 애니메이션을 더 좋아한다.

11 It keeps running through my mind. 머릿속에 맴돌다

The chorus of that song **keeps running through my mind**.
그 노래의 코러스가 계속 머릿속에 맴돈다.

12 It was epochal. / It was earth-shattering. 획기적이다

Beethoven's Eroica Symphony was truly and **epochal** work.
베토벤의 영웅 교향곡은 진정 획기적인 작품이다.

13 Turning point / The watershed moment 전환점

The release of Elvis's first album is thought to be a
watershed moment in the history of rock and roll music.
엘비스의 첫 번째 앨범의 출시는 로큰롤 음악 역사의 전환점으로 여겨졌다.

14 Pioneer / Progenitor / Father 선구자

No one disputes that he was one of the **pioneers** of rock.
그가 록의 선구자 중 한 사람이라는 것에 아무도 반박하지 않는다.

15 A masterpiece / A masterwork 걸작

Da Vinci's Mona Lisa is considered **a** timeless **masterpiece**.
다빈치의 모나리자는 세월이 흘러도 변치 않는 걸작으로 여겨진다.

16 A failure 졸작, 실패작

Stravinsky's *Rite of Spring* was considered **a** colossal **failure**
at the time, but is now on of the most widely performed
works of modern classical music.
스트라빈스키의 봄의 제전은 그 당시에 엄청난 졸작으로 여겨졌지만, 지금은 가장 널리 연주되는 현대 클래식
음악 작품이다.

17 Warmly received by the critics 평론가로부터 호평 받은

Mahler's First Symphony was not **warmly received by the
critics**. 말러의 첫 번째 교향곡은 평론가로부터 호평을 받지 못했다.

교통에 관련된 회화 연습

MP3 강의

EnglishinKorean.com

1 **교통과 관련된 표현**

How did you get here?
어떻게(뭐 타고) 오셨어요?

What brings you here today?
무슨 일로 오셨습니까?

How was your commute?
오시는 길은 어떠셨어요?

What's the commute like from your new place?
새 집에서의 출퇴근은 어떤가요?

What do you normally do on your commute?
출퇴근 때 보통 뭐 하세요?

2 ~타고 왔어요.

I took the bus.   버스 타고 왔어요.

I took the subway.   지하철 타고 왔어요.

I took a cab.   택시 타고 왔어요.

I walked here. / I came on foot.   걸어 왔어요.

I rode my bike.   자전거 타고 왔어요.

I flew here.   비행기 타고 왔어요.

> **잘못된 표현** I took a subway. / I took subway. / I walked to here. / I took the cab.

3 타다 / 내리다

To get in a taxi / To get into a taxi   택시에 타다

To get on a bus [plane]   버스(비행기)에 타다

To get off a bus   버스에서 내리다

4 교통 체증과 관련된 표현

Traffic is really bad in the city today.
오늘 도심 교통이 엄청 막히네.

The roads are really congested today.
오늘 길이 굉장히 혼잡하네요.

The road construction is really slowing things down.
도로 공사 때문에 너무 느려졌어.

It's dangerous to tailgate like that.
그런 식으로 앞차를 바짝 따라가면 위험해.

During rush hour, the intersections are often gridlocked.
혼잡 시간에 그 교차로는 자주 정체된다.

통근과 관련된 표현

We should call a cab. 우리 택시 불러야겠다.

Have you ever carpooled? 카풀 해 본 적 있어요?

Do you have a driver's license? 운전 면허증 있어요?

How long have you had a driver's license?
운전 면허증 딴 지 얼마나 됐어?

I got off on [at] the wrong station. 나 잘못 내렸어.

I got on the wrong train. 나 열차를 잘못 탔어.

I accidentally got on a train heading in the wrong direction.
실수로 다른 방향으로 가는 열차를 탔어요.

How much was the fare? 요금이 얼마였어요?

How much did the taxi ride cost? 택시 요금이 얼마였어요?

The bus is faster but I get motion sickness, so I have to take
the subway.
버스가 빠르기는 한데 제가 멀미를 해서 전철을 타야 할 것 같아요.

What subway station is closest to your house?
너희 집에서 어떤 지하철역이 제일 가깝니?

How long does it usually take for you to get home?
보통 집까지 가는 데 얼마나 걸려요?

How long is your commute? 통근하는 데 얼마나 걸려요?

How much time do you spend commuting per day?
하루에 통근하는 데 시간을 얼마나 쓰니?

What do you do to keep from dozing off on your trip home?
집에 오는 길에 졸리면 어떻게 잠을 깨니?

How many trips did it take to move all your stuff to the new
apartment? 새 아파트로 짐을 옮기는 데 몇 번이나 왕복했어?

> **Tip** 여기서 trip은 '여행'이 아니라 '왕복'이라는 뜻입니다.

Lesson 54

신사와 숙녀들이 감정을 표현할 때

EnglishinKorean.com

한국인들이 영어에 대해서 제일 답답해 하는 부분은 자기 기분을 묘사할 수 있는 딱 맞는 말을 찾기 어렵다는 점인 것 같아요. 한국어는 특히 감정에 대해서 이야기할 때 의태어를 많이 쓰니까(찜찜하다, 두근두근하다 등) 비슷한 표현을 영어에서도 찾으려고 하는 것 같은데, 영어에서는 의성어, 의태어 대신 다양한 형용사와 형용사구를 많이 씁니다.

그런데 요즘 젊은이들이 쓰는 어휘나 표현을 보면 점점 단순해지고 그 폭이 좁아진 것 같아요. 그래서 좀 더 교양 있는 다양한 표현을 사용할 필요가 있습니다. 그 중에서도 기분을 표현하는 단어를 배워 볼게요.

1 Frustrated

이 단어의 뜻을 찾아보면 '좌절감을 품은'이라고 나오지만 미국 사람들은 한국어의 **답답한**'이라는 뜻으로 사용합니다. 영어 공부한 지 10년이 넘었는데 아직도 잘 안 돼서 답답하다고 할 때 바로 frustration을 쓰면 됩니다.

With my limited vocabulary, I often find myself **frustrated** by my inability to communicate.
어휘력의 한계 때문에 의사소통이 잘 안 돼서 답답함을 느낄 때가 많다.

2 Perplexed

이해 안 가는 일을 목격하거나 그런 일을 당해서 황당하고 어쩔 줄 몰라 하는 상태를 가리키는 말입니다. 예를 들어 수업 시간에 발표를 했는데 교수님의 반응이 아주 좋았고 칭찬까지 해 주셨습니다. 그런데 나중에 성적을 보니 C+였다면 정말 어이없고 황당하겠죠? 그럴 때 이 표현을 쓰시면 됩니다.

I was sure we had aced the presentation. You have no idea how **perplexed** I was when I saw that he gave us such a low grade.

나는 우리가 발표를 매우 잘했다고 확신했어. 교수님이 우리에게 그렇게 낮은 점수를 준 걸 봤을 때 내가 얼마나 황당했는지 너는 상상도 못할 거야.

> **Tip** 유의어로 confused, bewildered, baffled, puzzled가 있습니다.

3 Disheartened

보통 숙어에서 heart가 붙으면 대부분 '용기'나 '원기'라는 의미인데 여기서는 접두사 dis가 붙어 있으니 '**원기를 잃은**'이라는 뜻입니다. 이 말은 특히 많이 기대하고 차근차근 세운 계획이 헛고생으로 끝나버렸을 때 자주 씁니다. Heart를 쓰는 표현으로 '낙심하지 마'는 영어로 Don't lose heart라고 하면 돼요. 그리고 He sure has a lot of heart라고 하면 '그는 정말 열정적이다'라는 말입니다.

He's been up in his room absolutely **disheartened** since he heard the news that he wouldn't be allowed to go on the school trip this year.

그는 올해 수학여행 가는 것을 허락받지 못했다는 소식을 들은 이후 완전히 낙담해서 계속 방에만 틀어박혀 있었다.

> **Tip** 유의어로 dispirited, dejected, forlorn, despondent, crestfallen가 있습니다.

4 Irate

영어로 '화가 난'이라는 뜻의 여러 가지 표현 중에서 이 단어의 강도가 제일 센 것 같습니다. **그냥 화가 난 게 아니라 아주 격분한 상태**를 가리킵니다. 그리고 보통 at과 함께 씁니다. He was irate at the sight of his wife embracing another man처럼 at 뒤에 화가 난 대상이 오면 됩니다. 그리고 letter, email, note 등의 앞에 붙여서 '분노를 표출하는 편지, 이메일, 메모'라는 의미로 많이 씁니다. 조금 덜 화났으면 angry email이라고 써도 됩니다.

My roommate was **irate** when he saw what I had done to our room.

내 룸메이트는 내가 방에 해 놓은 짓을 보고 격분했다.

> **Tip** 유의어로 livid, enraged가 있습니다.

5 Indignant

원어민들이 억울해 할 때 제일 많이 쓰는 표현은 That's so unfair!일 거예요. 그러나 억울한 일을 당해서 분개하는 사람에게는 He was indignant라고 하면 됩니다. 이 단어의 원래 의미는 **'억울한 일을 당해서 분개하는'**이라는 뜻입니다.

He was **indignant** at the perceived slight from his boss.

그는 그의 상사가 대놓고 무시하는 것에 분개했다.

알고도 모르는 인터넷 용어

동영상 강의   MP3 강의

이번에는 한국 사람들이 일상적으로 접하지만 정확히 어떤 의미인지는 잘 모르는 인터넷과 컴퓨터 관련 단어를 모아서 풀어 드리겠습니다.

¹ **Podcast**

한국 사람들은 팟캐스트가 인터넷으로 듣는 라디오 방송하고 비슷하다는 것까지는 아는데 어원은 잘 모르는 것 같습니다. 이 단어 앞 글자인 pod는 애플의 iPod에서 왔고 나머지 cast는 broadcast(방송)에서 왔습니다.

아이팟이 출시되기 전까지 미국 사람들은 MP3플레이어를 그다지 애용하지 않았는데, 아이팟 출시 이후 사람들의 생활 방식까지 바뀌었어요. 일반인들이 자기가 직접 녹음한 내용을 인터넷에 올리고 이를 배포하기 시작하면서 '팟캐스트'라는 신조어가 생긴 거죠.

US comedian Adam Carolla currently holds the record for the world's most downloaded podcast.
미국 코미디언인 아담 캐롤라는 현재 세계에서 가장 많이 다운로드된 팟캐스트 기록을 가지고 있다.

> **Tip** 영어로 진행하는 추천 팟캐스트 :
> This American Life / Stuff You Should Know

2 Google

1996년에 스탠퍼드 대학생 두 명이 학업용으로 처음 만든 미국의 대표 검색 엔진 사이트입니다. 이 사이트 이름의 어원은 수학 용어인 'Googol'이라는 단어인데 이는 숫자 '1'에다가 '0' 백 개가 붙은 숫자입니다. 미국의 검색 엔진 중에서 절대강자가 된 만큼 미국 사람들은 인터넷으로 검색을 할 때 I'm going to look that up on the Internet 이라고 안 하고 이제 **I'll google that**이라고 더 많이 말하게 되었습니다.

After meeting someone new, many people rush home to **google** their new acquaintance in hopes of finding out details that they didn't readily offer up.

새로운 사람과 만난 후 많은 사람들은 집으로 서둘러 가서 새로 만난 사람이 순순히 말해 주지 않은 자세한 정보를 얻길 바라며 인터넷 검색을 한다.

3 Twitter

트위터는 소셜 네트워크의 하나로, 140자 미만의 글을 올리면 본인을 팔로잉(등록)하는 사람들의 휴대폰이나 이메일로 발송되는 방식입니다. Twitter는 영어로 새 울음소리를 나타내는 의성어 중 하나인데 **한국어의 '짹짹'**하고 비슷해요. 트위터를 통해서 배포되는 짧은 전언들은 tweets라고 하고, 동사형은 to tweet입니다.

If you don't replace this food immediately, I'll **tweet** about how bad the service is here to my 50,000 Twitter followers.

당장 이 음식을 바꿔 주지 않으면 내 5만 명의 트위터 팔로어들에게 여기 서비스가 얼마나 안 좋은지 쓰겠어요.

4 Vidcast

Video podcast라는 뜻인데 Video와 broadcast가 합쳐진 말입니다. 제 사이트의 '강의 동영상'들은 다 video podcast라고 할 수 있어요.

I'm working on increasing the frequency of our **vidcasts**, but it's hard find times that work for both of us.

우리 비디오 캐스트 게시 빈도를 높이려고 노력 중인데, 우리 둘에게 딱 맞는 시간을 찾기가 어렵다.

5 YouTube

이 단어는 한국인 누구나 알지만 어떤 의미인지 아는 사람은 많지 않을 거예요. Tube는 **속어로 '텔레비전'**을 뜻합니다. 그래서 방문자들이 알아서 동영상을 올리고 자기 채널까지 만들 수 있게 해 주는 서비스를 YouTube라고 이름 지은 거죠.

YouTube automatically generated a **YouTube** channel for me that I didn't even know I had.
유튜브에서 내가 가지고 있는지도 몰랐던 내 유튜브 채널을 자동으로 생성했다.

6 Spam

우리가 싫어하는 **이메일 '스팸'은 먹는 스팸(햄)에서 이름을 따온 것**입니다. 제2차 세계 대전이 끝난 뒤 영국에서는 물자가 부족해서 일인당 살 수 있는 고기의 양을 제한한 적이 있었습니다. 그런데 스팸 같은 통조림 고기 식품은 무제한으로 리필이 가능해서 그때부터 **'스팸'은 별로 원하지도 않는데 풍부하게 많은 것**의 대명사가 됐습니다. 그리고 이 용어는 1970년대 BBC 코미디 쇼인 Monty Python's Flying Circus에 다시 나타났습니다. 이 쇼는 미국의 네티즌 1세대에게 인기가 많았는데 1980년대 채팅룸에서 누군가 한 문장을 길게 입력해서 대화방을 독점하고 다른 멤버들이 채팅할 수 없게 만드는 행위를 '스패밍'이라고 부르기 시작했죠. 심지어 다른 사람들이 대화도 못하도록 아스키 (ASCII) 캐릭터로 스팸통을 한 줄씩 그려 넣는 사람들도 있었습니다. 그래서 1990년대 초반부터 무차별적으로 발송되는 이메일도 이렇게 부르기 시작했습니다.

You have to have some kind of filtration system on your computer to keep out the **spam**, otherwise you'll be absolutely overwhelmed.
네 컴퓨터에 스팸 메일을 거를 수 있는 시스템을 갖춰 놔야 해. 안 그러면 완전히 스팸으로 뒤덮일 거야.

7 PC

원래 이 약자는 **personal computer**를 가리키는 거였는데, 현재는 원래 뜻에서 벗어나서 **윈도우 운영 체제가 탑재된 컴퓨터**에만 쓰고 맥에 대해서는 잘 안 씁니다. 물론 엄밀하게 따지면 맥도 personal computer니까 PC라고 할 수 있는데 그렇게 말하는 사람을 찾기 힘들어요.

미국에서는 재미 삼아 사람을 두 가지 범주로 나눌 수 있는 질문이 있습니다. 한국 같으면 '짬뽕이냐 자장면이냐?', '삼성이냐 엘지냐?', '경상도냐 전라도냐?' 등이 있죠. 미국에서는 사람들이 한 순간에 두 파로 나눠지는 걸 보고 싶으면 '펩시냐 코카콜라냐?', '공화당이냐 민주당이냐?', '알 파치노냐 로버트 드니로냐?' 등의 질문을 할 수 있는데, 그중에서 최고는 'Mac이냐 PC이냐?'예요.

A Are you a Mac or **PC** guy?

B Well, I used to be a diehard **PC** fan but I made the switch to Macs after using an iPod for a few months and falling in love with the ease of use.

A 넌 맥을 쓰는 쪽이야, 아니면 PC를 쓰는 쪽이야?

B 음, 나는 골수 PC 팬이었는데, 몇 달간 아이팟을 쓰면서 쉬운 사용법에 완전히 빠져서 Mac으로 바꿨어.

> **Tip** Diehard 골수파

8 RAM

Random access memory의 앞 글자를 따서 이뤄진 말이죠. 컴퓨터 분야에서는 memory하고 같은 말입니다.

This computer is a little sluggish. I think some more **RAM** would give it a real boost.

이 컴퓨터 좀 느리다. 램을 늘리면 진짜 빨리질 거 같아.

⁹ Blog

원래 영어의 **web과 log가 합쳐져서 생긴 말**입니다. 제가 운영하는 사이트 www.englishinkorean.com도 블로그죠. 웹사이트 같은 면도 있지만 블로그에 더 가까운 이유는 규칙적으로 새로운 내용물이 올라오고, 그럴 때마다 맨 앞 페이지가 달라지기 때문이에요. 이 용어는 웹사이트 운영자인 미국인 Evan Williams가 1999년에 처음 썼습니다.

I run an English **blog** and a photoblog that showcases the beauty of Korea.

저는 영어 블로그와 한국의 미를 보여 주는 사진 블로그를 운영하고 있습니다.

¹⁰ Vlog

위의 블로그하고 비슷한 개념인데 **video blog**에서 유래된 말로서 **동영상 위주의 블로그**라는 뜻입니다. 제 사이트에서 제공하는 동영상은 vlog가 아니라 video podcast인데 그 이유는 본 내용은 글이고 특정 페이지에만 동영상이 있어서 그렇습니다.

Due to its lack of written content, I don't think a **vlog** is the best medium for teaching English.

글로 쓴 내용이 부족하기 때문에 나는 비디오 블로그가 영어를 가르치는 데 좋은 매체는 아니라고 생각한다.

Happy Valentine's Day

한국과 달리 미국에서는 Valentine's Day가 일방적으로 여자들이 초콜릿이나 선물을 주는 날이 아니라 커플이 서로 선물을 주고받는 날이에요. 어렸을 때 Halloween 다음으로 사탕과 초콜릿을 많이 받는 날이라 참 좋았죠.

초등학교에서는 학생들이 색종이를 가지고 우편함을 만들어 자기 책상에 매달아요. 그 다음에 모든 학생들이 일어나서 우체부 아저씨처럼 이미 전날에 만든 valentines(작은 엽서 같은 카드)를 교실을 돌아다니며 친구들한테 나눠줍니다. 카드를 대신 배달해 주는 친구, 익명의 연애편지 등 재미있는 일이 많이 생기는 날이죠.

Valentine's Day에 인기 많은 사탕 중 하나는 다채롭게 나오는 작은 하트 모양의 캔디인데, 여기에는 다양한 '전언'들이 쓰여 있어요. 예를 들어 Be mine(사귀자), U R A 10(넌 10점 만점의 10점이야), I'm sure(너라는 걸 확신해)와 같은 달콤한 글귀들이 적혀 있죠.

어른들의 경우 여자들은 분홍 또는 빨간 장미와 하트 모양의 통에 담긴 초콜릿을 받습니다. 남자에게 주는 선물로는 특별히 정해진 것은 없는데 지갑이나 넥타이 같이 작은 선물들이 적절합니다.

English
in
Korean

실제 미국인이
많이 쓰는
영어

요새 뜨는 채팅어

동영상 강의

MP3 강의

영어의 채팅어는 신조어보다는 거의 다 약자(acronym)로 이뤄진 표현들입니다. 가끔 한국인들은 콩글리시로 약자를 쓰기도 하는데, 진짜 미국에서 쓰는 약자는 주로 단어의 앞 글자를 따서 만듭니다. 요즘 미국에서 가장 많이 쓰는 채팅 약자를 살펴보기 전에 먼저 다음 표현의 뜻을 추측해 보세요.

① BRB   ② TTYL   ③ LOL   ④ OMG   ⑤ BTW

다 풀어 보셨나요? 그럼 답을 알려 드리죠.

❶ Be right back.   곧 돌아올게.

❷ Talk to you later.   나중에 또 얘기하자.

❸ Laughing out loud.   난 크게 (소리 내어) 웃고 있어.

❹ Oh my God!   이런! / 세상에!

❺ By the way,   그나저나, / 그런데 있잖아.

> **Tip** LOL은 처음엔 진짜 웃긴 이야기를 들었을 때만 쓰였는데 시간이 지나면서 한국말의 'ㅋㅋ'처럼 분위기를 더 가볍게 만들고 싶을 때도 쓰이고 있어요.

채팅어(약자)	진짜 의미	해석	부가설명
FYI	For your information,	참고하라고 하는 말인데.	뭔가 설명할 때나 냉소적으로 변명할 때
L8R	Later	나중에	
JK	Just kidding.	농담이야.	
LTNS	Long time no see.	오랜만이야.	
QT	Cutie	귀여운 사람	
TC	Take care.	잘 지내.	
TMI	Too much info.	너무 많은 정보.	굳이 알고 싶지 않은 것까지 얘기할 때
WB	Welcome back.	잘 돌아왔어.	
143	I love you.	널 사랑해.	글자 수를 딴 표현
SOL	Shit out of luck.	운이 하나도 없네.	

이것만은
확실히!

1 BRB = Be Right Back. 곧 돌아올게.

2 TTYL = Talk To You Later. 나중에 또 얘기하자.

3 LOL = Laughing Out Loud. 난 크게 웃고 있어.

4 OMG = Oh My God! 이런! / 세상에!

5 BTW = By The Way, 그나저나. / 그런데 있잖아.

외국인 친구가 웃는 걸
보고 싶을 때

외국인들이 한국어로 이야기할 때 살짝 이상한 발음으로 관용어를 쓰면 웃기죠? 예를 들어 저의 한국인 같지 않은 이상한 발음으로 '중딩', '안습', '지못미' 같은 은어를 말하면 웃길 거예요. 마찬가지로 한국인들이 길거리 영어나 관용어를 적절한 순간에 활용하면 외국인 입장에서도 너무 신기하고 재미있어요. 외국인 친구와 어색한 침묵을 깨뜨리고 싶으면 이런 표현을 한번 써 보세요.

1 Fo shizzle.

속어로 for sure라는 의미입니다. 누군가 나에게 부탁을 했을 때 **"물론이지"**라고 대답하고 싶을 때 쓸 수 있답니다.

2 What up?

What's up?이랑 같은 의미인데 조금 더 반말 같은 느낌이에요.

3 **Word.**

상대방의 이야기 또는 앞서 나온 이야기에 **100% 동감**할 때 쓰는 말입니다. 영어의 존댓말로 바꿔서 말하면 **I agree whole-heartedly**라고 할 수 있습니다.

4 **Where you at?**

"너 어디 있어?"라고 묻고 싶을 때 쓰는 말입니다. 문법을 일부러 틀리게 하는 겁니다.

5 **5-0**

'경찰'을 the five-oh라고 부르는 걸 영화나 랩 음악에서 많이 들을 수 있어요. 경찰을 깎아내리는 표현은 아니고 그냥 재밌게 말할 때 쓰는 표현입니다.

6 **What's your ETA?**

친구한테 **"언제쯤 도착해?"**라고 묻고 싶으면 이 표현을 쓰세요. ETA의 원래 의미는 **Estimated Time of Arrival**입니다.

> **Tip** ETA의 발음은 철자 그대로 E–T–A로 읽으면 됩니다.

외국인 친구가 웃는 걸
보고 싶을 때 2

동영상 강의 MP3 강의

이번에도 관용어에 대해서 배워 보겠습니다. 관용어는 조금이라도 바꿔서 말하면 의미가 왜곡되거나 문법이 틀릴 수도 있으니까 여기 쓴 그대로 사용하시기 바랍니다.

1 **He stole my thunder.** 의역 그가 내 자랑거리를 빼앗아 갔어.

이 표현은 주변 사람에게 자랑할 일이 생겨서 신나게 과시하는데 **갑자기 나보다 더 대단한 성과를 거둔 사람이 나타나서 상대적 박탈감이 느껴질 때** 하는 말입니다.

I used to enjoy showing off my iPad, but then Dan got an iPad 2 and completely **stole my thunder**.
나는 내 아이패드를 자랑하곤 했었는데 댄이 아이패드 2를 산 후에 완전히 초라한 기분이 들어.

2 I get that a lot. 의역 자주 듣는 소리야.

제가 한국에서 처음 만나는 사람한테 자주 듣는 소리는 '미국인이 아니라 유럽 사람 같다'
는 말입니다. 제가 그 말을 듣는 순간에 I get that a lot이라고 쓰면 됩니다.

She said I look like Edward from *Twilight*. **I get that a lot**,
though.　그녀가 내가 〈트와일라잇〉의 에드워드를 닮았다고 했어요. 자주 듣는 소리지만요.

3 Speak for yourself! 의역 나도 입 있거든!

옆 사람이 대변인처럼 나 대신 말을 하는데 그게 **내 의견과는 다를 때** 쓰는 말입니다.

No ice cream? **Speak for yourself.** I'm definitely having
dessert.　아이스크림을 안 먹는다고? 나도 입 있어. 나 꼭 디저트 먹을 거야.

4 I did a double take. 의역 놀라서 다시 봤어.

뭔가 의외인 것을 봤을 때 처음에는 별 생각 없이 스쳐 지나가다가도 다시 보게 되죠. 예
를 들어 생머리 아가씨를 보고 지나가려는데 자세히 보니까 남자여서 **놀라서 다시 보게
되는 경우**가 있잖아요. 이때 I did a double take라고 하시면 됩니다.

I thought that guy with the long hair was a woman at first.
I totally **did a double take**.
난 처음에 저 긴 머리 남자가 여자인 줄 알았어. 완전 놀라서 다시 봤잖아.

5 Drunk dial 의역 취한 상태로 누군가에게 전화를 걸다

술에 취하면 감상에 빠져서 왠지 전화하지 말아야 하는 사람에게 전화하고 싶어질 때가
있죠. 바로 이런 행동을 drunk dialing이라고 합니다.

I still feel really hungover. Plus, I think I **drunk dialed** my ex
last night.　나 아직도 숙취가 있어. 게다가 어젯밤에 취해서 옛날 여자 친구한테 전화한 거 같아.

Everyday English 1
(이보영 선생님과 함께)

동영상 강의

MP3 강의

Everyday English에서는 미국 사람들은 자주 쓰는데 한국인에게 생소한 표현을 공부해 보려고 합니다. 어려운 문어체보다는 주로 속어나 일상적으로 쓰는 표현들을 살펴보겠습니다.

1 What's with you?

평소에 넥타이를 하지 않는 친구가 넥타이를 하고 왔을 때 What's with the necktie? 라고 하면 "웬 넥타이야?"라는 뜻이죠. 그러나 What's with you?라고 하면 "웬 너?"라는 의미가 아니고 **"무슨 일이 있길래 그렇게 구는 거야?"**라는 의미입니다. **주로 화내는 친구나 평소답지 않은 행동을 하는 사람에게 말할 때 씁니다.**

2 You're on a roll.

Roll이라는 것은 **한 가지 행동이 계속 이어질 때** 쓰는 말입니다. 그래서 볼링장에서 어떤 친구가 잇따라 스트라이크를 치면 You're on a roll!라고 할 수 있고 누군가 어떤 문제에 대해서 **흥분해서 비판을 늘어놓을 때**도 쓸 수 있어요.

3 I'm down with that.

한국말의 '기분이 다운되다'라는 표현 때문에 이 말을 부정적인 의미로 착각할 수도 있지만 사실은 '**~하고 싶다**'라는 의미입니다. 친구가 나에게 어떤 것을 제안했을 때 하고 싶은 마음이 들면 I'm down with that이라고 하면 돼요.

> **Tip** I came down with that이라고 하면 "나 감기(병 따위) 걸렸어"라는 의미이니 주의하세요.

4 I'm still working.

이 표현은 상황에 따라 의미가 다른데, 말 그대로 해석하면 "**나 아직 일하고 있다**"라는 뜻입니다. 영어의 work는 한국어의 '일하다'보다 더 넓은 의미로 쓰이는 단어입니다. 여기서는 "**나 아직 먹고 있다**"는 뜻이에요. 식당에서 내가 아직 음식을 먹고 있는 중인데 웨이트리스가 와서 접시를 치우려고 할 때 쓰면 됩니다.

5 I know where you're coming from.

말 그대로 해석하면 "너 어디서 오는 길인지 안다"지만 진짜 의미는 "**네 마음 알아**"입니다. 즉, 네가 어떤 입장인지, 어떤 관점에서 바라보는지를 안다는 말입니다.

Everyday English 2

MP3 강의

EnglishinKorean.com

¹ **You're getting on my nerves.**

이 말은 한국어의 '**신경 건드리다**'와 많이 비슷한 표현입니다. 계속 이어지는 성가신 일에 대해서 씁니다. 예를 들어 혼자 있고 싶은데 동생이 계속 괴롭히면 **You're really starting to get on my nerves!**라고 할 수 있죠.

Could you please just leave me alone right now? **You're really** starting to **get on my nerves.**
제발 지금은 나 혼자 있게 둘래? 너 정말 슬슬 거슬리기 시작해.

² **I'm beat.**

며칠 전에 제 고향 친구에게 너무 피곤해서 못 만나겠다는 의미로 이 말을 했어요. 이 표현이 한국인에게는 생소할 것 같은데, '**기진맥진하다**'와 비슷한 의미라고 보시면 돼요.

I really wanted to hang out with you guys tonight but **I'm beat.** I guess I still haven't gotten over my jet lag.
나 정말 너희와 오늘 밤에 놀고 싶었는데, 너무 피곤해. 아직도 시차 적응을 못한 것 같아.

3 It's about time.

About은 여러 의미가 있지만 여기서는 '~에 대해서'라는 뜻이 아니라 '~쯤'이라는 뜻입니다. "여섯 시쯤에 도착하겠다"라고 할 때 I'll be there at about six라고 하듯이 말이죠. 그래서 한국어로 '이제서야', '드디어'처럼 **간절히 기다린 일이 마침내 이뤄졌을 때** 씁니다.

I think **it's about time** I found a girlfriend.
이제 나도 여자 친구를 찾을 때가 된 것 같아.

유의어 It's high time. / Finally!

4 Don't get me started.

미국의 시트콤 등에서 특히 많이 들을 수 있는 표현입니다. **'말도 마', '말도 꺼내지 마'**라는 뜻인데, 그 말을 한번 시작하면 할 말이 너무 많아서(특히 불만 같은 것) 끝이 없을 것 같다는 말입니다.

A What's it like living with your in-laws?
B **Don't get me started.**

A 너희 시부모님이랑 같이 사는 건 어때?
B 말도 마.

5 I just can't win with you.

살면서 뭘 해도 만족시키기 어려운 사람 접해 봤을 거예요. 이런 성격의 이성과 사귀는 건 아마도 힘든 일이겠죠? 뭘 해도 불평할 테니까요. 아무튼 **"내가 어떻게 해도 넌 만족 못 하잖아"**라고 말하고 싶으면 영어로 I just can't win with you!라고 하면 돼요.

A I told you a thousand times blue roses, not yellow roses!
B I thought the yellow would brighten things up in here.
I just can't win with you, can I?

A 내가 노란 장미가 아니라 파란 장미라고 천 번도 더 말했잖아!
B 노란 장미가 여기 분위기를 더 환하게 해 줄 거라고 생각했어. 내가 어떻게 해도 넌 만족 못 하는군. 안 그래?

Everyday English 3

EnglishinKorean.com

¹ **Take it back.**

말을 뱉고 나서 지나쳤다는 생각이 들거나 후회될 때 **"그 말 취소할게"**라는 뜻으로 써요.
상대방에게 명령문으로 말할 때는 **Take that back**이라고 하시면 됩니다. 어떤 상황
에서는 조금 유치하게 들릴 수도 있으니까 귀여운 척할 때나 친한 사람한테만 쓰는 것이
좋습니다.

I really wish I could **take back** what I said.
내가 한 말을 취소할 수 있다면 정말 좋겠어.

I can't believe you just said that. **Take it back!**
방금 네가 그 말을 했다는 걸 믿을 수가 없어. 취소해!

2 Thanks for the heads-up.

Heads-up은 '**경고**'라는 뜻인데 warning보다 더 구어적입니다. 예를 들어 회사에서 팀장님이 나를 혼내려고 찾고 있을 때 어떤 동료가 먼저 와서 "오늘 너 팀장님 눈에 띄지 않는 게 좋을 거야"라고 미리 귀띔해 줬다고 합시다. 그때 동료에게 **Thanks for the heads-up**(미리 경고해 줘서 고마워)이라고 말하면 딱 맞는 표현입니다.

A The boss was really on the warpath yesterday, huh?

B Yeah, thanks so much for the **heads-up**. I steered clear of him all day.

A 어제 사장님 정말 화나서 단단히 벼르고 있었지, 응?
B 응, 미리 경고해 줘서 정말 고맙다. 나 하루 종일 사장님 피해 다녔어.

> **Tip** To steer clear of someone 누군가를 피해서 다니다

3 Fill me in.

To fill someone in은 누군가 **놓친 정보를 알려달라고 할 때** 쓰는 말입니다. fill in 이나 fill up은 '**채우다**'라는 뜻이고 여기서는 놓친 공백을 채워 달라는 걸로 해석하면 돼요.

A Do you know what we're supposed to be doing right now?

B No, I'm still waiting for someone to **fill me in**.

A 너 우리가 지금 뭘 하고 있어야 하는지 알아?
B 아니, 누가 좀 나에게 알려 주기를 기다리는 중이야.

I'll **fill you in** on the details of the project next time we see each other.
다음에 만나면 프로젝트의 자세한 사항을 알려 드리겠습니다.

4 I don't have that kind of money.

That kind of money라는 말을 직역하면 '그 종류의 돈'이 되겠죠? 이 표현의 숨은 의미는 '그런 돈', 즉 '**그렇게 많은 돈**'입니다. 예를 들어 친구의 차를 빌려서 타다가 사고를 냈는데 그 친구가 보상해 달라고 하면 How am I supposed to come up with that kind of money?라고 하면 되죠. 보통 어떤 금액이 너무 높아서 불평을 늘어놓을 때 쓰는 말입니다.

A Hey, man. I got myself into some trouble. Do you think I could borrow a couple thousand bucks?

B Have you lost your mind? How am I supposed to come up with **that kind of money**. Do you think money just grows on trees?

A 야, 나 문제가 좀 생겼어. 나 몇 천 달러만 빌릴 수 있을까?
B 너 미쳤냐? 내가 그런 큰돈을 어디서 구해? 뭐 돈이 하늘에서 뚝 떨어지기라도 하는 줄 알아?

> **TIP** Bucks 미국 속어로 '달러'

5 (It's really) No big deal.

이 표현은 "**별거 아니다**"라는 의미로도 쓰고 "**됐어요**"라는 의미로도 씁니다. 전자는 It was really no big deal이라고 쓰면 되고 후자는 누군가 나에게 감사나 보답을 하려고 할 때 "**별것도 아닌데 됐어요**"의 어감으로 쓰면 됩니다. 줄여서 No biggie라고도 많이 씁니다.

A Thanks so much for helping me out with the presentation yesterday.

B Don't worry about, man. **No biggie.**

A 어제 발표 도와줘서 너무 고마워.
B 신경 쓰지 마, 인마. 별것도 아닌데 뭘.

Everyday English 4

동영상 강의

1 **To drop names** 자기가 아는 유명한 사람들의 이름을 나열하면서 잘난 체하다

He's just **dropping names** again.
그는 또 아는 연예인 이름을 대면서 잘난 체하고 있어.

That guy is always **dropping names**.
저 사람은 항상 자기가 아는 유명인 얘기하면서 잘난 척해.

2 **To come around** 원래 반대하던 것을 받아들이기 시작하다

He'll **come around**.
그도 돌아설 거야(그도 받아들이기 시작할 거야).

Give him some time and he'll **come around**.
그도 시간이 지나면 생각이 바뀔 거야.

3 To not go over well 안 먹히다 / 좋지 않은 반응을 불러일으키다

It did**n't go over well**. 그건 잘 안 먹혔어.

The proposal did**n't go over well**. 그 제안은 별로 반응이 좋지 않았어요.

4 To grow on someone
처음에 거부감을 느낀 것[사람]이 시간이 지나면서 점점 좋아지다

It'll **grow on you**. 너도 곧 좋아하게 될 거야.

I didn't like kimchi at first, but now it's **grown on me**.
난 처음에 김치를 싫어했는데, 지금은 좋아졌어.

5 To swing something 약속·부탁 따위가 가능하다

I'd like you to stop by tomorrow and help out. Can you
swing it?
나는 네가 내일 들러서 좀 도와줬으면 좋겠어. 가능하겠어?

6 To be a total bust 여행·시도·작업 등이 완전히 엉망이 되다

It **was a total bust**. 그거 완전히 엉망이 됐어.

The whole trip **was a bust**. 그 여행은 전부 엉망이 됐어.

7 To go to town on something

뭔가에 대해 과도하게 대하거나 처리하다 / 박살내다 / 게걸스럽게 먹다

He really **went to town on it**. 그 사람 정말 과했어.

Wow, you really **went to town on** those fries.
와, 너 정말 이 튀김들 완전 싹 먹었구나.

8 To keep something just between us

우리끼리만 알고 있는 것으로 하다 / 비밀로 하다

This is **just between us**. 이건 우리끼리만 아는 거야.

Let's **just keep this between us**. 이건 비밀로 하기로 해요.

9 That really backfired on you.

말 안 하느니만 못했다 / 역효과를 불러일으켰다

A We asked the boss for a raise, but he ended up slashing our pay.

B Wow, **that really backfired on you**.

A 사장님에게 월급 인상을 요구했는데 오히려 우리 월급을 깎았어.

B 저런, 정말 역효과만 불러일으켰네.

10 To watch oneself 행실을 조심하다

You'd better **watch yourself**. 너 행실을 조심하는 게 좋을 거야.

Everyday English 5

동영상 강의

---

1 **My bad!** 내 잘못이야!

A Hey, you're John, right?

B Nope, my name's Michael.

A Oops, **my bad**.

A 안녕하세요, 존 맞죠?
B 아뇨, 저는 마이클인데요.
A 앗, 죄송합니다.

---

2 **He didn't chip in.** 그는 돈(자기 몫)을 안 냈다.

That guy **never chips in**. 그 사람은 항상 자기 몫을 안 내.

3 I think I'm gonna have to bail.

나 오늘 약속 못 지킬 것 같아.

Sorry, man, but **I think I'm gonna have to bail**.
미안. 나 오늘 약속 못 지킬 것 같아.

4 Sucks to be you. 너 안됐다.

You got fired again? **Sucks to be you**, man. 또 잘렸다고? 안됐다, 야.

5 You're just in the nick of time. 간신히 도착했다.

We were running really late, but managed to get there **just in the nick of time**.
우리는 정말 늦어졌지만 간신히 도착할 수 있었다.

6 He's really taking his sweet time.

그는 참 태평하다. (비꼬는 말)

This bus driver is **really taking his sweet time**.
이 버스 운전기사는 정말 천하태평이군.

7 I waited for a good hour. 1시간 내내 기다렸어.

He kept me **waiting for a good** 45 minutes.
그는 나를 45분 내내 기다리게 했어.

8 I drunk dialed my ex last night.

어젯밤 취해서 내 옛날 여자 친구에게 전화했다.

I can't believe **I drunk dialed my ex again**!

내가 또 술에 취해서 옛날 여자 친구에게 전화를 했다니 믿을 수가 없어!

9 Well, he's punctual. I'll give him that.

적어도 그 애는 시간 약속을 잘 지켜.

He may not be much to look at, but **he's punctual. I'll give him that**.

그는 생긴 건 좀 그래도 적어도 시간 약속은 잘 지켜.

10 It's no biggie. 신경 쓰지 마.

A Sorry I forgot about your birthday, man.

B **No biggie.**

A 네 생일도 잊어버리고 미안하다, 야.

B 신경 쓰지 마.

Everyday English 6

동영상 강의

1 **I'm broke.** 나 빈털터리다. / 돈 다 떨어졌어.

Could you spot me a few bucks? **I'm broke.**
몇 달러만 빌려 줄 수 있어? 나 완전 빈털터리야.

2 **He's a broken man.** 그는 처참한 사람이다. / 실의에 빠진 사람이다.

After his daughter's death, he lived the rest of his days as **a broken man.** 딸이 죽은 후 그는 남은 인생을 실의에 빠져 살았다.

3 **That guy's big time.** 그는 거물(잘나가는) 사람이다.

Wow, you know that guy? **He's big time!**
와, 너 저 사람 알아? 그는 거물이야!

⁴ You got it. 물론이다.

A Can you swing by the pharmacy on the way to work and pick me up some Tylenol?

B **You got it.**

A 회사 오는 길에 약국에 들러서 타이레놀 좀 사다 줄 수 있어?

B 물론이지.

⁵ We go way back. 우리는 오래된 사이다.

A How long have you known Jay?

B **We go way back.**

A 너 제이 안 지 얼마나 됐어?

B 우리 오래됐어.

⁶ Keep tabs on him. 그를 잘 지켜봐. / 미행해라.

I don't trust that guy. **Keep tabs on him** for me.

난 저 사람을 믿지 않아. 그를 잘 지켜보도록 해.

⁷ He footed the bill. 그가 부담했다.

I can't keep **footing the bill** for your failed singing career.

나는 네 실패를 거듭한 가수 활동에 비용을 계속 댈 수는 없어.

8 It's just shy of $100. 100달러 약간 못 미친다.

I was just shy of the 1,800 won I needed for a beer, so I bought a bottle of soju instead.
가진 돈이 맥주 한 병 값인 1,800원에서 약간 모자라서 대신 소주 한 병을 샀다.

9 He's just venting again. 그는 그냥 화풀이하는 거야.

Don't worry about him. **He's just venting.**
걔 신경 쓰지 마. 그냥 화풀이하는 거야.

10 I got burned again. 또 당했다.

I knew I shouldn't trust him and I was right. **He burned me again.** 그를 믿지 말아야 한다고 생각했는데 내 생각이 옳았어. 또 당했지 뭐야.

Everyday English 7

동영상 강의

¹ You must be kicking yourself.

후회하고 있겠네요.

I had the chance to invest in Apple when it was a fledgling computer company, but I was afraid to take the risk. **I've been kicking myself** ever since.

애플이 신생 컴퓨터 회사였을 때 투자할 기회가 있었는데, 나는 위험을 감수하기 싫어서 투자하지 않았다. 그 이후 내내 후회하고 있다.

² You've got guts! 배짱 좋네!

A I finally gave the boss a piece of my mind.

B Wow, **you've got guts.**

A 나 드디어 사장님한테 한마디했어.

B 와, 너 배짱 좋다.

3 Let's bounce. 자리 뜨자.

This party's lame. **Let's bounce.** 이 파티 별로다. 자리 뜨자.

4 Did it ever occur to you that?
그런 생각은 못 해 봤어?

Did it ever occur to you that this might actually be all your fault? 이게 사실은 전부 네 탓일 수도 있다는 생각은 못 해 봤어?

5 Don't I have a say in this? 난 말할 권리 없어?

A I'm getting married next week and that's final!

B As your father, **don't I have a say in this?**

A 난 다음 주에 결혼해요. 더 말할 거 없어요!
B 네 아빠로서 난 말할 권리도 없니?

6 Pull yourself together! 정신 차려!

A I just can't go on. It's all over for me. I'm a goner for sure.

B **Pull yourself together**, man!

A 나 더는 못하겠어. 완전히 끝났어. 난 이제 완전 끝장이야.
B 정신 차려, 인마!

7 Suit yourself. 그래 잘해 봐라. / 네 맘대로 해라.

A I know it's a long way but I don't think we should be polluting the environment by driving unnecessarily. I'm walking.

B **Suit yourself!**

A 먼 길인 건 알지만 굳이 운전해 가면서 환경을 오염시킬 필요는 없다고 생각해. 난 걸을래.
B 그래, 잘해 봐!

8 He's talking smack. 그는 입이 걸다. / 입을 나불거린다.

That guy is always **talking smack** on the basketball court.
쟤는 농구 코트 안에서는 항상 입이 걸더라.

9 You killed it out there tonight. 너 오늘 밤 죽여줬어.

A Wow, **you really killed it out there tonight!**

B What are you talking about? I thought the response was pretty muted.

A 와, 오늘 밤에 너 정말 죽여줬어!
B 무슨 소리 하는 거야? 별 반응이 없는 것 같던데.

10 I really bombed out there tonight.
오늘 밤 완전히 망했다.

Wow, **I really bombed out there tonight.** It's OK, though, because I killed it yesterday.
어휴, 나 오늘 밤 완전히 망쳤어. 그래도 괜찮아. 어제는 죽여줬으니까.

영어에 대한 잡생각: The Sequel

동영상 강의

MP3 강의 1

MP3 강의 2

이번에는 정해진 주제 없이 한국인들이 헷갈려 하는 표현 몇 가지를 모아서 설명하겠습니다.

1 He is driven. / He has a lot of drive.

미국에서는 많이 쓰는 표현인데 한국 사람들은 잘 안 쓰는 것 같아서 알려 드리고 싶었
어요. 이 표현을 딱 적절하게 한국어로 번역하는 건 쉽지 않지만 **"그는 의지력이 강하다"**
혹은 **"그는 끈기가 있다"**가 제일 비슷할 것 같아요. 의미는 무엇이든 마음먹으면 끝까지
포기하지 않고 해 나간다는 뜻이죠. 비슷한 표현으로 He is very motivated 또는 He
is resolute and persistent라고 할 수 있습니다.

He is so driven that his subordinates have a hard time keeping
up with him. 그는 너무 의지가 강해서 그의 부하 직원들이 그를 따라가는 데 애를 먹는다.

2 OJ

OJ는 **orange juice**(오렌지 주스)의 약자입니다. 한국 사람들은 단어를 줄여서 말하는 것(연세대학교 → 연대, discount → DC 등)을 좋아하는데 왜 미국에서 널리 쓰이는 이 약자는 아직도 많이 안 쓰는지 모르겠어요.

Nothing beats a nice, tall glass of **OJ** with breakfast.
아침 식사와 함께 잔에 가득 담긴 맛있는 오렌지 주스만 한 것이 없다.

3 Come up with / Draw up

이 두 동사구는 '**계획을 세우다**', '**짜다**'라는 뜻입니다. 그런데 come up with보다는 draw up이 더 격식 있는 말이고, 논문처럼 형식과 격식을 갖추어야 하는 글에서는 devise나 assemble을 쓰는 걸 추천합니다. 그리고 계획을 실행해 봤는데 실패해서 다시 백지로 되돌리려고 할 때는 Let's go back to the drawing board라고 하면 됩니다. 비슷한 표현으로 Let's go back to square one이라고 할 수 있습니다.

I **came up with** a way that we can slash costs by at least $100 per week.
나는 적어도 일주일에 100달러는 비용을 줄일 수 있는 방법을 생각해냈다.

I **drew up** a fresh contract per our agreement yesterday.
우리가 어제 합의한 내용을 바탕으로 새 계약서를 썼습니다.

4 What do you think?

이 표현은 "**어떻게 생각하세요?**"라는 뜻입니다. 가끔 How do you think?라고 말하는 사람도 있는데 이는 잘못된 표현입니다. 하지만 How do you think he got so rich?(그는 어떻게 부자가 되었을까?)처럼 뒤에 어떤 수단이나 방법이 붙으면 가능해요.

5 주사(술버릇)가 있다

He's a mean drunk라고 하면 됩니다. 의미는 '**술에 취해 고약해지다**'라는 뜻이죠.

6 낚이다(속다)

'속다'라는 의미로 쓸 때 to fall for ~라고 하면 됩니다.

I told my mom that I was studying all night last night and she completely **fell for** it.
어젯밤에 밤새 공부했다고 엄마에게 말했는데 우리 엄마는 완전히 낚였어.

Those who stand for nothing will **fall for** anything. (속담)
아무 편도 들지 않는 사람은 어떤 것에든 속을 수 있다.

7 통화하고 있다

'통화하고 있다'라는 표현은 I'm on the phone이라고 하고, 어떤 사람에게 전화를 걸었는데 '그는 통화 중이었다'라고 하고 싶으면 busy라고 쓰면 됩니다. 영국식으로는 engaged라고 합니다.

I can't chat right now. **I'm on the phone** with my mom.
나 지금 수다 떨 수가 없어. 우리 엄마랑 통화 중이거든.

I tried to call him but it was **busy**.
그와 통화를 하려고 했는데 통화 중이었어요.

8 문자를 보내다

Send a text message라고 쓰면 됩니다. 요즘은 message라는 말을 빼고 그냥 send a text라고 하는 사람들도 많은데 아직 표준어가 아니라서(text는 아직 '문자 메시지'라는 의미의 명사로 허용 안 됨) 공식적으로 말할 때는 안 쓰는 것이 좋습니다. 동사형 text를 써서 I'll text you(문자 보낼게)라고 쓸 수도 있습니다.

영어와 한국어, 비슷하네 1

MP3 강의 1 　 MP3 강의 2 　 MP3 강의 3

EnglishinKorean.com

한국말 중에는 영어에서 들어온 표현들이 있습니다. 전 세계적으로 사람들 생각이 비슷하기에 유사한 표현이 많고요. 어떤 표현들이 있는지 배워 보도록 할게요.

1 Constructive comments [criticism]

건설적인 비판

이 표현은 영어에서 그대로 가지고 온 것 같습니다. 사용법은 한국어하고 거의 똑같고 의미도 동일합니다.

I wish that guy would stop raising his hand. He never offers any **constructive criticism** and just keeps taking issue with the insignificant details of the project.

난 저 남자가 손 좀 그만 들었으면 좋겠어. 그는 건설적인 비판은 하나도 하지 않고 프로젝트의 중요하지 않은 사소한 내용에 대해서 계속 트집을 잡고 있어.

2 To put down roots 뿌리를 내리다

이 표현은 전 세계적으로 표현의 방식이 대개 비슷해서 자연스럽게 생긴 표현인 것 같습니다. 한국어와 마찬가지로 **어디에 정착할 때 쓰는 표현**이죠.

I've been in Korea for a while now, but I still haven't started a family or **put down roots** here.
지금까지 한국에 꽤 머물렀지만 아직 여기서 가정을 꾸리거나 뿌리를 내리지 못했다.

3 At this point in time 이 시점에

연설에서처럼 고급스럽게 말을 할 때 쓸 수 있는 표현입니다. 일상적인 대화를 할 때는 그냥 now를 쓰면 됩니다.

It doesn't appear that the implementation of your plan is possible **at this point in time**.
이 시점에서 네 계획을 실행하는 것이 가능해 보이지 않는다.

4 Please 제발

한국어처럼 이 단어를 말할 때 억양에 따라 의미 차이도 크게 납니다. **뭔가 간절히 호소할 때 쓰기도 하고 말도 안 되는 소리를 하는 친구에게 비꼬는 말을 할 때 쓰기도 합니다.**

Did you really think I was going to get back together with you just because you bought me a dozen roses for Valentine's? **Please.**
너 정말로 밸런타인데이에 장미 한 다발 사 줬다고 내가 너와 다시 만날 거라고 생각했어? 제발 이러지 마.

5 Nocturnal 야행성

한국어에서도 그렇듯이 해가 지고 나서야 기운이 더 나고 밤에 활동하는 것을 더 좋아하는 친구들이 있는데 그런 친구들에게 딱 맞는 말입니다. 비슷한 말로 a night person(저녁형 인간)이 있습니다.

I do most of my work late at night and usually don't get to bed till around 4 or 5 in the morning. I'm almost completely **nocturnal**.

나는 대부분의 일을 한밤중에 하고 주로 새벽 4~5시까지 자지 않는다. 나는 거의 완벽한 야행성이다.

6 The door for talks is always open.

대화의 문은 항상 열려 있다.

북한과의 교섭이 결렬됐다는 뉴스에서 앵커가 정부 고위급 소식통의 말을 인용하면서 이 표현을 쓰더군요. 사용법도 동일합니다.

A high-ranking source in the South Korean government said that **the door is always open to** resuming **talks** with the North.

남한 정부의 고급 정보에 의하면 북과의 회담 재개를 위한 대화의 문은 항상 열려 있다고 한다.

7 Eye candy 눈요기

한국어에서처럼 눈만 즐겁게 하는 물건이나 화려하게 차린 음식에 대해서 하는 말입니다. 차이점이 있다면 영어의 eye candy는 **샤방샤방하게 멋지거나 예쁜** 사람에 대해서 많이 써요.

The club was fun last night. Apgujeong lived up to its reputation again—lots of **eye candy** all over the place.

어젯밤 클럽은 재밌었어. 압구정은 역시 이름값을 하더라고. 사방에 훈훈한 사람이 많더라.

8 Get a room! 방 잡아요.

공공장소에서 과도한 애정 표현을 하는 커플에게 쓰는 말이죠.

Are those two still making out in the corner? **Get a room,** you two!

걔들 아직도 구석에서 키스하고 있어? 너네 방 잡아라!

9 Self-centered 자기중심적인

사리사욕만 쫓으며 사는 사람과 자기 생각만 하는 사람한테 이 표현을 쓰면 됩니다.

He is a smart guy, but he's so **self-centered** that it's hard to be his friend.

그는 똑똑하지만 너무 자기중심적이라 친구가 되기 힘들다.

10 Nothing special. 별것 아니다.

지난 주말에 뭐 했냐고 물어보는 친구에게 **'별것 안 했다'**고 대답할 때 쓸 수도 있고 기대를 많이 했던 공연을 보러 갔는데 막상 별것 아니었을 때도 쓸 수 있습니다.

I finally got around to seeing that play, but it was **nothing special**.

드디어 그 연극을 볼 기회가 생겼는데, 정작 별것 없더라고.

영어와 한국어, 비슷하네 2

동영상 강의

MP3 강의

1 To monopolize the conversation

독점적으로 말하다

누군가 한 명이 계속해서 떠들고 있을 때 쓰는 표현입니다.

A That new guy in our study group is so full of hot air.

B Yeah, I wish he wouldn't always **monopolize the conversation** like that.

A 우리 스터디 그룹에 새로 온 사람 되게 큰소리친다.

B 그러게, 매번 저런 식으로 독점적으로 말하지 않았으면 좋겠는데 말이야.

2 It's no joke. 장난 아냐.

'**장난 아니다**'라는 표현 역시 미국에서 들어온 것 같아요. 원래 한국에는 없던 표현이었거든요.

A Have you heard that guy play piano?

B Yeah, **he's no joke.**

A 너 저 사람이 피아노 연주하는 거 들어 봤어?

B 응, 장난 아니더라.

3 To not see the forest for the trees

나무만 보고 숲은 못 보다

작고 하찮은 일에 초점을 두느라 크고 중요한 일을 놓치는 경우에 사용합니다.

Stop worrying about how to study and just study! You're **not seeing the forest for the trees**.

어떻게 공부할지 걱정만 하지 말고 그냥 공부해! 넌 나무만 보고 숲을 볼 줄 모르는구나.

4 To have a few loose screws 나사가 풀리다

제정신이 아닌 상태를 가리키는 속된 말입니다. To have a few screws loose라고 해도 됩니다.

A Have you met the new art teacher? He's kind of wacky.

B Yeah, I think that guy **has a few screws loose**.

A 새로 온 미술 선생님 봤어? 좀 괴짜던데.

B 응, 나사가 좀 풀린 것 같아.

5 **Ivory tower (of education)** 상아탑

상아탑은 '속세를 떠나 오로지 학문이나 예술에만 잠기는 경지'라는 의미입니다. 학계와 일반인들의 사이를 구분해서 쓸 때 사용하는 말이기도 하죠.

I think Professor Park needs to climb down from his **ivory tower** and see what life is really like for the unemployed masses.

나는 박 교수님이 상아탑에서 내려와 실업자들의 삶의 실상이 어떤지 봐야 한다고 생각해.

6 **To cool one's head** 머리 식히다

화가 나거나 흥분했을 때 **잠깐 숨을 돌리고 다시 이성을 회복하는 시간을** 의미합니다.

I think you need to take a minute and **cool your head** before you do something you'll regret.

네가 한 일로 후회하기 전에 잠깐 머리를 식힐 시간을 갖는 게 좋을 것 같아.

7 **To not even drink a drop (of alcohol)**

(술을) 한 방울도 안 마신다

술을 조금도 안 마시는 사람에 대해서 쓸 수 있는 표현입니다.

A So, your grandfather is a devout Christian?

B Yeah, I've **never** seen him **drink even a drop of alcohol.**

A 그러니까 너희 할아버지가 독실한 기독교인이시라고?

B 응. 나는 할아버지께서 술을 한 방울이라도 마시는 걸 한 번도 본 적이 없어.

8 To keep your head up 고개를 빳빳이 들다

누군가 힘들어할 때 '힘내'라는 의미로 쓰는 표현입니다.

A After all the trouble I've caused, I just don't know if I can even show my face at work again.

B You did what you thought was best for the company. **Keep your head up**, man.

A 내가 사고 친 이후로 다시 회사에 가서 사람들 볼 면목이나 있을런지 모르겠어.

B 너는 회사에 최선이라고 생각한 걸 했을 뿐이야. 고개 들고 힘내, 인마.

9 Can't face ~ ~를 볼 면목이 없다, ~를 볼 엄두도 못 내다

전 세계적으로 사람들이 창피한 일을 저질렀을 때 주변 사람들 얼굴을 볼 수 없어서 이러한 비슷한 표현들이 생긴 것 같아요.

After what got said last time, I just don't think I can **face my father**.

지난번에 그런 말이 오간 후에 아버지 얼굴을 볼 면목이 없어.

10 Horror itself 공포 그 자체다

조금 강조해서 **정말 무서웠을 때 쓸 수 있는 표현**입니다.

A Did you see "The Ring"?

B Yeah, that movie is **horror itself**.

A 너 영화 "링" 봤어?

B 응. 공포 그 자체였지.

Lesson 69

영어와 한국어, 비슷하네 3

MP3 강의

EnglishinKorean.com

---

1 To stand at a fork in the road 갈림길에 서다

We've used existing production methods up through this
point, but now we find ourselves **standing at a fork in the
road**. It's time to decide how we will take our next step.

우리는 지금까지 기존의 생산법을 사용해 왔지만 이제 갈림길에 서 있다. 앞으로 어떤 방향으로 나갈지 결정할
시점이다.

2 By a hair / By a hair's difference 간발의 차이

Did you see who crossed the finish line first? I think the
number 24 car won **by a hair**.

누가 먼저 결승점을 넘었는지 봤어? 24번 차가 간발의 차이로 이긴 것 같은데.

212

3 To raise the white flag 백기를 들다

They have deep pockets, but we lack the funds to continue fighting this battle in the courts. I think it's high time we **raised the white flag**.

그들은 돈이 많지만 우리는 법정 싸움을 계속할 자금이 부족해. 우리가 백기를 들어야 할 때인 것 같아.

4 To pass (on) the baton 바통을 넘겨주다

The former CEO stepped down late last year and **passed the baton** to his son.

이전 CEO는 작년 말에 물러나고 그의 아들에게 바통을 넘겨주었다.

5 Midas touch 마이더스의 손

That guy has been successful in just about every business venture he has attempted. I guess some people really do have a **Midas touch**.

저 남자는 시도했던 모든 사업에서 성공했다. 어떤 사람들은 정말 마이더스의 손을 가진 것이 맞는 것 같다.

6 There's a high threshold. 문턱이 높다.

I believe that you are a very competent worker, but I'm just worried that the **threshold there may be a little too high**.

내가 보기에 너는 매우 유능한 직원이기는 하지만 (그 회사는) 문턱이 너무 높은 것이 걱정이다.

7 Hurdles 허들, 장애물

It's true that we've gotten through the worst of it, but there are still plenty of **hurdles** left.

우리가 최악의 상황을 헤쳐나온 것은 사실이지만 아직 많은 장애물이 남아 있다.

8 To take (to) the airwaves 전파를 타다

That show is slated **to take the airwaves** in early 2013.

그 쇼는 2013년 초에 전파를 탈 예정이다.

9 To have an eye (for ~) ~를 보는 눈이 있다

Did you see those clothes James picked out for me? He really **has an eye for** fashion.

너 제임스가 나한테 골라 준 옷 봤어? 걘 정말 패션에 대한 안목이 있어.

10 I'm so dead right now. 난 죽었어.

I crashed my dad's car into a signpost! **I'm so dead right now.**

나 우리 아빠 차를 이정표에 박았어! 이제 난 죽었다.

Happy Groundhog Day

동영상 강의

미국 문화에는 독특하고 재밌는 것이 많은데(미 대통령이 직접 주관하는 '칠면조 사면식' 등), 이 중에서 동물을 매우 좋아하는 저는 2월 2일인 Groundhog Day를 좋아합니다.

150년이 넘는 역사를 지닌 이날의 주인공은 Punxsutawney Phil이라는 groundhog(북미에 서식, 기니피그 같이 생긴 땅 밑에 사는 동물)입니다. 이날 약 4만 명 정도 되는 인파가 펜실베이니아 주의 작은 마을인 Punxsutawney에 와서 이 동물이 사는 동굴 앞을 열심히 응시합니다. 언론에서 취재단도 나오고 전국적으로, 실시간으로 방영되는 이 행사의 결정적인 순간을 목 빠지게 기다리죠.

춥디 추운 겨울날에 왜 이렇게 전부 나와서 땅 밑에 사는 Phil을 기다릴까요? 미국에는 groundhog이 동굴에서 나왔을 때 햇빛이 쨍쨍해서 그림자가 생기면 겨울이 끝나지 않고 6주나 계속 이어진다는 미신이 있어요. 만일 Phil이 나왔을 때 날씨가 흐려서 그림자가 안 나타나면 봄이 빨리 온다고 합니다.

인터넷으로 찾아보면 동영상과 사진으로 Phil의 '예언'을 볼 수 있어요. 올해는 groundhog이 우리에게 뭐라고 말할지 궁금합니다.

부록

English in Korean

오늘의 표현

오늘의 표현 ①

1

To overlook one's mistake ~의 실수를 봐주다

Could you please **overlook my mistake** just this once?

한 번만 봐주시면 안 될까요?

2

To plateau 정체되다 / 침체에 빠지다

I feel like my English has really **plateaued** recently.

난 요즘 정말 내 영어 실력이 침체에 빠졌다고 느껴.

3

To hit close to home 친숙하다 / 와 닿다

His remarks really **hit close to home.** 그의 말은 정말 마음에 와 닿았어요.

4

Hypochondria 건강 염려증

Every time he gets sick, he thinks he has cancer. That guy is such a **hypochondriac**.

그는 아플 때마다 자기가 암에 걸렸다고 생각한다. 그 사람은 정말 건강 염려증이다.

5

On and off 오락가락하다

It's been raining **on and off** all day long.

하루 종일 비가 오락가락했다.

6

> **To commute** 다니다

Recently I've been **commuting** every day between Shinchon and Bundang. 최근 나는 매일 신촌과 분당 사이를 오간다.

7

> **To be tardy** 지각하다

Being tardy to class three times will count as an absence. 수업에 세 번 지각하는 것은 한 번 결석한 것으로 치겠어요.

8

> **Curfew** 통금 시간

Do you have a **curfew**? What time do you have to be home? 너 통금 시간 있니? 몇 시까지 들어가야 해?

9

> **To blow off** (문자, 전화 따위를) 씹다

Why'd you **blow off** my message yesterday?
너 어제 내 메시지 왜 씹었어?

10

> **Downpour** 소나기

Make sure you don't get caught in a **downpour**. I got drenched in the rain. Don't forget your umbrellas!

소나기 안 맞도록 조심해. 나는 비에 흠뻑 젖었거든. 우산 잊지 마!

> **Tip** Drenched 흠뻑 젖다

오늘의 표현 ②

1

Be flabbergasted   크게 놀라다 / 어이없다

I **was** completely **flabbergasted** by what she said.

그녀가 한 말 때문에 완전 어이없었어요.

 유의어 Be taken aback

2

Can't take a hint   눈치를 못 채다

I tried to tell him we want to be alone but he **won't take the hint**. 난 우리끼리 있고 싶다고 그에게 얘기하려고 했지만 그는 눈치도 못 챌 것이다.

3

To have one's work cut out (for one)   매우 고생하다 / 애먹다

We **have our work cut out** for us. 우리 애먹겠다.

4

Happen to / By chance   혹시

Do you **happen to** have plans to visit London any time soon?

너 혹시 조만간 런던에 방문할 계획 있니?

5

To go on a rant   비판을 늘어놓다

He **went on a rant** about the exorbitant cost of medical care in the US. 그는 미국의 터무니없이 비싼 의료 서비스 비용에 비판을 늘어놓았다.

6

Localized torrents of rain 국지성 기습호우

Parts of Seoul were deluged today when **localized torrents of rain** hit the city. 국지성 기습호우가 강타한 후 오늘 서울 곳곳이 범람했다.

7

To cut in line 새치기를 하다

Someone tried **to cut in line** at Starbucks today but I cut back in front of him.
오늘 어떤 사람이 스타벅스에서 새치기를 하려고 했는데 내가 다시 그 앞으로 새치기했어.

8

Stifling nights 열대야

Summer **nights** in Korea can be **stifling**.
한국의 여름밤은 숨 막힐 듯 더워요.

9

Finicky eater 입맛이 까다로운 사람

It's a hassle trying to eat with my dad because he's a real **finicky eater**. 우리 아빠는 입맛이 까다롭기 때문에 그와 함께 식사를 하는 건 성가신 일이다.

> **Tip** Hassle 성가신 일

10

To keep one's distance 거리를 두다

It's not a good idea to get too close to your underlings at work. Always **keep your distance**.
직장에서 부하 직원과 너무 가깝게 지내는 것은 좋은 생각이 아니다. 항상 거리를 둬라.

> **Tip** Underling 부하 직원

오늘의 표현 3

동영상 강의　MP3 강의

1

Naturally 역시 / 자연스럽게

A　John got another promotion.
B　**Naturally**, the boss loves that guy.

A　존이 또 승진했대.
B　역시, 사장님이 좋아하시잖아.

2

Dissuade 막다 / 말리다

I tried to **dissuade** him, but it was obvious that he had made up his mind. 나는 그를 말려 보려고 했지만, 그가 맘을 정한 것이 분명했다.

3

That's got nothing to do with me. 그것은 나랑 전혀 상관없다.

I don't know or care what he said. It's **got nothing to do with me.** 나는 그가 뭐라고 했는지 알지도 못하고 신경도 안 써. 그건 나랑 전혀 상관없는 일이야.

4

Speak of the devil. 호랑이도 제 말 하면 온다.

A　Did you hear what John said to Sara yesterday? I couldn't believe it!
B　Oh, quiet! Here he comes.
A　Yeah, **speak of the devil.**

A　어제 존이 사라한테 말하는 거 들었어? 정말 믿을 수가 없어!
B　오, 조용히 해! 저기 존이 온다.
A　그래, 호랑이도 제 말 하면 온다더니.

5

To get someone's take (on an issue) 의견을 듣다

I'd like **to get his take** on the matter. 이 문제에 대해서 그의 의견을 듣고 싶습니다.

6

Don't get me wrong. 오해하지 말아요.

A You don't think she's hot?
B **Don't get me wrong**, I think she's pretty, but she's just not my type.

A 너 그녀가 섹시하다고 생각하지 않아?
B 오해하지 마. 그녀가 예쁘다고는 생각하지만 그냥 내 스타일이 아닐 뿐이야.

7

We've been together through thick and thin.
우리는 동고동락한 사이다.

My wife has been with me **through thick and thin.**
제 아내와 저는 기쁠 때나 슬플 때나 늘 함께 해왔습니다.

8

That's not my cup of tea. 그런 것 별로 안 좋아해(내 취향 아니야).

A Wanna go to an all-night DJ fest?
B **That's not** really **my cup of tea.**

A 올나이트 디제이 페스티벌 갈래?
B 그런 건 정말 내 스타일 아니야.

9

I lost track of time. 시간 가는 줄 몰랐다.

I got so wrapped up in this game, I completely **lost track of the time.** 이 게임에 완전히 몰두해서 정말 시간 가는 줄 몰랐어.

10

You could do so much better. 네가 아깝다.

A They're together?
B Yeah, she **could do so much better.**

A 걔들 사귀는 거야?
B 응, 그녀가 정말 아까워.

오늘의 표현 4

동영상 강의

MP3 강의

1
To not be cut out for ~ 어떤 일에 안 맞다 (직업상)

I easily get seasick so, I'm not exactly cut out for life as a
sailor. 나는 뱃멀미를 쉽게 해서 선원 같은 일은 맞지 않다.

2
That really takes the cake! 최고다! / 보통 아니다! (비꼬는 말투)

I've heard a lot of ridiculous excuses from you, but this really
takes the cake! 너에게서 황당한 핑계들을 참 많이 들었지만 이번 건 진짜 최고다!

3
She [he] is easy on the eyes. 그녀는[그는] 외모가 훈훈하다.

She's not too smart, but she sure is easy on the eyes.
그녀는 썩 똑똑하지는 않지만 참 훈훈하게 생겼다.

4
Don't look a gift horse in the mouth. 선물을 트집 잡지 마라.

Why are you complaining about a free computer? Don't look
a gift horse in the mouth. 공짜 컴퓨터인데 왜 이렇게 불평하는 거야? 선물은 트집 잡지 마.

5
To treat somebody with kid gloves 상냥하게 대하다

Our boss is really strict with staff but treats the actors with
kid gloves. 우리 사장님은 직원들에게 매우 엄격하시지만 배우들에게는 상냥하시다.

6

The tip of the iceberg 빙산의 일각

Investigators suspect that bribery is just **the tip of the iceberg** in this case. 조사관들은 뇌물 수수가 이 사건의 빙산의 일각이라고 의심했다.

7

Today I began a new chapter in my life.
오늘 내 삶의 새로운 장이 열렸다.

With this move, I feel like I'm **starting a new chapter in my life**. 이번 일로 나는 인생의 새로운 장이 열린 듯한 기분이 든다.

8

I'm feeling really flustered. 정신이 하나도 없어.

My schedule is jam packed as of late. **I feel so flustered** all the time. 요즘 내 스케줄은 너무 꽉 찼다. 줄곧 정신이 하나도 없다.

9

How am I supposed to know? 내가 어떻게 알아?

How am I supposed to know how much that guy makes?
그 사람이 얼마나 버는지 내가 어떻게 알아?

10

You can count on me.
나는 신뢰할 수 있는 사람이다. / (약속, 모임 따위에) 꼭 참석할게.

A friend is someone **you can** always **count on**—through thick and thin. 친구란 좋을 때나 나쁠 때나 항상 기댈 수 있는 사람이다.

오늘의 표현 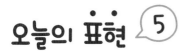 5

MP3 강의

1

To give someone a piece of one's mind (참다가) 한 소리하다

I finally **gave her a piece of my mind**. 나 참다가 결국 그녀에게 한 소리했어.

2

To be blindsided 뒤통수 얻어맞다

I always thought we had the perfect marriage. I **was** completely **blindsided** by her affair.

나는 항상 우리가 완벽한 결혼 생활을 하고 있다고 생각했다. 그녀의 외도로 완전히 뒤통수 맞았다.

3

To pull for ~ / To root for ~ ~ 팀을 응원하다

Who were you **rooting for** during the Olympics?

올림픽 때 누구 응원했어요?

4

It slipped my mind. 깜빡했다.

I was supposed to help my dad mow the lawn, but **it** completely **slipped my mind.**

난 아빠를 도와 잔디를 깎기로 되어 있었는데 완전히 잊어버렸다.

5

To be born with a silver spoon (in one's mouth)
부유한 집안에서 태어나다

He **was born with a silver spoon**. He's never even had a **real job.** 그는 부유한 집안에서 태어났다. 그는 한 번도 진짜 직업을 가져 본 적이 없다.

6

To hold no water 이치에 안 맞다 (사상이나 이론에 대해서만)

His lecture was interesting, but that theory of his **holds no water**. 그의 강의는 흥미로웠지만 이론은 이치에 맞지 않았다.

7

Red tape 번거로운 행정 절차

International marriages involve a lot of **red tape**. 국제결혼에는 많은 번거로운 행정 절차가 따른다.

8

To act up 말썽 부리다

The copier keeps **acting up**. 복사기가 계속 말썽을 부린다.

Your son continuously **acts up** in class. 댁의 아드님은 수업 중에 계속 말썽을 부립니다.

9

To get on someone's bad side 눈 밖에 나다

The boss is kind, but make sure you don't **get on his bad side**. 사장님이 친절하기는 하지만, 눈 밖에 나지 않도록 해야 한다.

10

My pride was hurt. 자존심 상했어.

You need to man up. It's a rough-and-tumble world if **your pride is** easily **hurt**. 남자답게 행동해. 자존심이 쉽게 상하는 편이라면 힘든 세상일 거야.

오늘의 표현 6

MP3 강의

---

1   **To stick up for someone**   누군가를 옹호하다

I thought he was a loyal friend, but when the moment of truth came, he didn't **stick up for me** at all.

나는 그가 진실한 친구인 줄 알았는데, 중요한 순간이 오자 그는 전혀 나를 옹호하지 않았다.

---

2   **He's so gullible.**   그는 귀가 얇다.

He believes anything. His **gullibility** is legendary.

그는 아무거나 믿어. 전설적으로 귀가 얇아.

---

3   **He didn't buy it.**   그는 속지 않았어요.

I told my dad I was studying last night, but **he didn't buy it**.

나 어젯밤에 공부했다고 아빠한테 말했는데, 아빠는 속지 않았어.

---

4   **To wing it**   즉석에서 대충 하다

Your speech today was amazing. You're telling me you just **winged it**?   당신 오늘 연설 대단했어요. 즉석에서 대충 한 거라고 했죠?

---

5   **To be deflated**   맥이 풀리다

The performers **were deflated** by the harsh criticism leveled at them by the newspaper's theater critic.

배우들은 신문의 연극 평론가들이 그들을 향해 혹평을 가하자 맥이 풀려 버렸다.

6

> That did the trick. 그 방법 또는 수단으로 문제가 해결됐다.

I poured some club soda on that stain like you recommended and it really **did the trick**.

네가 말한 것처럼 그 얼룩에 소다수를 부어 봤는데 정말 해결됐어.

7

> Hear me out. (판단하기 전에) 끝까지 들어 봐.

Hear me out before you make up your mind! You've only heard one side of the story.

마음 정하기 전에 내 말 끝까지 들어 봐! 넌 한쪽 얘기만 들었잖아.

8

> To be glued to their TV sets TV에서 눈을 못 떼다

What can I do about my son? He just sits there, **glued to the TV** for six hours a day.

우리 아들을 어떻게 해요? 저렇게 하루에 여섯 시간씩 텔레비전 앞에만 붙어 있으니.

9

> It's like pulling teeth. 매우 힘든 일이다.

Getting my husband to attend a social event **is like pulling teeth**. He's extremely antisocial.

내 남편을 사교 모임에 참석하게 하는 것은 매우 힘들다. 그는 극도로 비사교적이다.

10

> To take after one's father 아버지를 닮았다

You enjoy football, too? You're really starting **to take after your father**. 너도 축구 좋아한다고? 정말 너희 아버지를 닮아 가는구나.

오늘의 표현 ⑦

MP3 강의

1

~ is starting to pay off   ~ 한 보람이 있다

I was able to read some Chinese characters I saw today.
Those hanja lessons **are starting to pay off**.

오늘 본 한자를 조금 읽을 수 있었다. 그 한자 수업을 받은 보람이 있다.

2

My foot fell asleep.   발이 저려요. / 쥐났어요.

Sitting on the floor in that awkward position for so long made
my foot fall asleep.   그런 불편한 자세로 오래 바닥에 앉아 있었더니 발이 저리다.

3

To keep one's cool   평정심을 유지하다

He has a remarkable ability **to keep his cool**, even under
immense pressure.   그는 엄청난 압박 속에서도 평정심을 유지할 수 있는 뛰어난 능력이 있다.

4

To make ends meet   빚 안 지고 살아가다

Many Americans have struggled **to make ends meet** since
the economic downturn of 2008.

2008년 경기 침체 이후로 많은 미국인들은 빚 안 지고 살기 위해 고군분투해 왔다.

5

We really lucked out.   운이 정말 좋았다.

We didn't have reservations, but the restaurant had a last-
minute cancellation. **We really lucked out**.

우리는 예약을 하지 않고 식당에 갔지만 누군가 막판에 예약을 취소했다. 우리는 운이 정말 좋았다.

6

> ## My neck of the woods 우리 동네

The staff party is in Shinchon? Great! That's **my neck of the woods.** 회식이 신촌이라고요? 좋아요! 거기 우리 동네예요.

7

> ## To open up to someone 누군가에게 털어놓다

It's so nice to finally have someone I can **open up to** about all the stress I've been under recently.
요즘 내가 받은 모든 스트레스에 대해서 털어놓을 누군가가 드디어 생겼다는 게 기뻐요.

8

> ## To bite the bullet 울며 겨자 먹다

All the cheap seats to LA are sold out. I guess I'll just have **to bite the bullet** and pay full fare.
로스앤젤레스로 가는 저렴한 좌석은 모두 팔렸어요. 나는 울며 겨자 먹기로 요금 전액을 내야 할 것 같아요.

9

> ## To burst out laughing 빵 터지다

I was trying to keep a straight face during my friend's presentation, but I **burst out laughing.**
나는 내 친구가 발표하는 동안 웃지 않으려고 무던히 애썼지만 빵 터지고 말았다.

10

> ## He's a self-made man. 그는 자수성가한 사람이다.

At first I thought he was born into wealth, but I recently found out that **he's a self-made man.**
처음에 나는 그가 부유한 집에서 태어난 사람인 줄 알았는데, 자수성가한 사람이라는 것을 최근에 알게 되었다.

오늘의 표현 8

1

Net 순(수익) / Gross 총(수익, 소득)

A   This business brings in about $60,000 annually.

B   Is that 60,000 **gross**, or **net**?

A   Gross, of course.

A   이 사업은 일 년에 6만 달러는 벌 수 있어.
B   총수익이 그렇다는 거야, 순수익이 그렇다는 거야?
A   총수익이지, 당연히.

2

To show one's true colors 본색을 드러내다

At first I thought he was a trustworthy guy, but It didn't take long for him **to show his true colors**.

처음에는 그가 믿을 수 있는 사람인 줄 알았는데, 본색을 드러내는 데까지 얼마 걸리지 않았다.

3

To be stuck in a rut 틀에 박히다

Every day I do the same thing: wake up, go to work, watch TV and go to bed again. I**'m stuck in a rut**.

나는 매일 똑같은 일을 한다. 일어나고, 직장에 가고, 텔레비전 보고, 다시 잠을 잔다. 난 참 틀에 박혀 사는 것 같다.

4

To be driven into a corner 궁지에 몰리다

The CEO was left with no choice but to plead guilty. He **was driven into a corner** by the prosecutors.

그 CEO는 잘못을 인정하는 것 외에는 다른 수가 없었다. 그는 검사들에 의해 궁지에 몰린 것이다.

5

To have one's back up against the wall 옴짝달싹 못하다

With all this debt, I've really **got my back up against a wall**.

이 빚들로 인해 나는 정말 옴짝달싹 못하게 되었다.

6

Spread the word. 널리 퍼뜨려 주세요. / 널리 알려 주세요.

EnglishinKorean.com is my free English site. **Spread the word!** EnglishinKorean.com은 무료 영어 학습 사이트입니다. 널리 알려 주세요!

7

To go on a bender 술을 진탕 마시다

A   How are you feeling? After that **bender** last weekend you must be really messed up.

B   You guessed it.

A   너 괜찮아? 지난 주말에 술 진탕 마시고 엄청 힘들 텐데.

B   제대로 짚었어.

8

Homebody 집에 있는 걸 좋아하는 사람

A   Did you invite her to the party?

B   There's no way she'll come. She's a total **homebody**.

A   그녀를 파티에 초대했어?

B   절대 올 리가 없어. 그녀는 집에 있는 것만 좋아하잖아.

9

To ask someone out 누군가에게 데이트 신청하다

A   I've been wanting **to ask her out** for a long time.

B   Well, hurry up and do it then!

A   오랫동안 그녀에게 데이트 신청하고 싶었어.

B   그럼 서둘러서 바로 해야지!

10

It's about time. 지금이야.

A   I finally got up the courage to ask that girl out.

B   **It's about time.** You've been talking about her for ages.

A   드디어 저 여자에게 데이트 신청할 용기가 생겼어.

B   그럼 지금이야. 너 오랫동안 그 애 얘기만 했잖아.

오늘의 표현 ⑨

1

You took the words right out of my mouth.

말을 하려던 참이었어요. (직역: 내 입에서 그 말을 빼앗아갔네.)

A Wanna get out of here?
B Wow, **you took the words right out of my mouth**!

A 여기서 나갈까?
B 와, 내가 그 말을 하려던 참이야!

> **Tip** You read my mind(우리 뭔가 통했네)와 That's what I'm talking about. That's precisely my point라고도 말할 수 있어요.

2

It's not a good fit. 잘 맞지 않다.

I'm glad you quit that job. **It was never a good fit** (for you) **anyway.** 네가 일을 그만뒀다니 다행이다. 그 일은 정말 너에게 맞지 않았어.

3

We're not out of the woods yet.

아직 안심할 때가 아니다.

The patient's condition has improved immensely, but **we're not out of the woods yet**. 환자의 상태가 매우 호전되었지만 아직 안심할 때가 아니다.

4

Audacity 뻔뻔스러움

He had the **audacity** to claim that I caused the accident when it was obviously his fault.

그는 자기 잘못이 명백한데도 뻔뻔하게 내가 사고를 낸 것처럼 몰아세웠다.

5

To tag along 따라가다 / 같이 가다

I **tagged along** yesterday with my friends for their date but I definitely felt like a third wheel.

어제 친구가 데이트하는 데 따라갔는데 완전히 불청객처럼 느껴졌다.

6

To have a green thumb 식물을 잘 기르다

My houseplants have all lasted so long. I guess I really do **have a green thumb.** 우리 집 화초는 잘 자란다. 나는 정말 식물 키우는 데 재주가 있는 것 같다.

7

I got this. / This is on me. 내가 쏠게요.

I got this. You pay for the noraebang. 이건 내가 낼게. 너는 노래방 비를 내.

8

To botch something 망치다

I got almost all the way through the performance with no mistakes, but then I **botched** the finale.

실수 없이 거의 공연 막바지까지 왔는데 피날레를 망치고 말았다.

9

To foam at the mouth 게거품 물다

All I did was lightly bump into his car and now he's **foaming at the mouth** like a rabid dog!

그의 차에 살짝 부딪친 게 전부인데 그는 지금 미친개처럼 게거품을 물고 있다.

10

To balk at (제안, 계획, 부탁 등에) 코웃음 치다

My father **balked at** the idea of financing my translation business. 번역 사업에 자금을 대달라는 내 말에 우리 아버지는 코웃음을 치셨다.

오늘의 표현 (10)

MP3 강의

1

To make one's bed and lie in it 자업자득이다

A I'm in debt to the casino again. Please lend me some cash.
B You've **made your bed**, now **lie in it**.

A 나 카지노에서 또 빚졌어. 제발 현금 좀 빌려줘.
B 자업자득이지. 네가 알아서 해

2

To face the music (논란, 비판, 나쁜 결과 등을) 회피하지 않고 직시하다

These bills are out of control. I think it's time for you to **face the music**. 청구서가 걷잡을 수 없어졌어. 너 이제 사태를 직시할 때가 된 것 같아.

3

To pull oneself up by one's own bootstraps 자수성가하다

He was born into poverty, but with tireless hard work, **pulled himself up by his own bootstraps** to become a very wealthy man. 그는 가난하게 태어났지만 끊임없이 열심히 일하며 자수성가해서 큰 부자가 되었다.

4

To burn bridges 돌이킬 수 없이 관계를 안 좋게 끝내다

A I can't believe my boss fired me. I'm going tell him off.
B That's a terrible idea. It's never smart **to burn bridges**.

A 사장님이 나를 해고했다니 믿을 수가 없어. 아무래도 그에게 한 소리 해야겠어.
B 정말 안 좋은 생각인데. 관계를 안 좋게 끝내는 것은 결코 현명하지 않아.

5

Germaphobe / Clean freak / Mysophobia 결벽증 있는 사람

A Don't touch me! You're dirty.
B Why are you being such a **germaphobe**?

A 나 만지지 매 너 더럽잖아.
B 너 왜 결벽증 있는 사람처럼 굴어?

6

An uphill battle 힘든 싸움(고전)

That Republican candidate is going to face **an uphill battle** against such a well-liked Democrat.

공화당 후보는 그 인기 많은 민주당 후보와 맞서 힘겨운 싸움을 하게 될 것이다.

7

Back to square one 원점으로 되돌아가다

A Well, this project was sure a bust.
B Yeah, I guess it's **back to square one**.

A 음, 이 프로젝트는 완전히 실패작입니다.
B 네, 아무래도 원점으로 돌아가야 할 것 같습니다.

8

How's ~ treating you? ~ 생활이 어때요?

A **How's** married life **treating you?**
B Fine. **How's** Korea **treating you?**

A 결혼 생활은 어때요?
B 괜찮아요. 한국 생활은 어때요?

9

We got off on the wrong foot.
만난 지 얼마 안 됐는데 벌써부터 사이 안 좋네.

I wish I could start over with James. **We** kind of **got off on the wrong foot.**

나 제임스하고 다시 잘해 보고 싶어. 우린 만난 지 얼마 안 됐는데 벌써부터 사이가 안 좋아.

10

Bear with me. (내가 잘 못하는 걸) 봐주세요.

A Please, **bear with me.** Today is my first day on the job.
B No problem. Take your time.

A 부디 못해도 봐주세요. 오늘 여기서 일하는 첫날이거든요.
B 걱정 마세요. 여유 있게 하세요.

오늘의 표현 11

MP3 강의

1

To play hard to get 튕기다

I don't think she's **playing hard to get**, man. Maybe she's just not that into you. 그녀가 튕기고 있는 것 같진 않아. 그냥 너를 좋아하지 않는 거 같아.

2

What a waste! 정말 아깝다! / What a shame! 정말 아쉽다!

It's **such a shame** he had to leave so soon.

그가 그렇게 일찍 가야 했다니 정말 아쉽다.

3

Gaffe 실수

That reporter is always apologizing after his on-air **gaffes**. I'm sick of the lack of professionalism in local news.

저 기자는 항상 생방송 도중 실수를 하고 나서 사과한다. 지역 뉴스의 프로 정신 부족이 이제 지겹다.

4

Hot mic 켜진 마이크

President Barack Obama sought to make light of a **hot mic** gaffe at the Nuclear Security Summit in Seoul.

버락 오바마 대통령은 서울에서 열린 핵 안보 정상회담에서 마이크가 켜진 줄 모르고 말을 한 실수를 가볍게 여기며 넘어가려 했다.

5

To mean a lot to someone 누군가에게 정말 고마운 일이다

Why don't you give your mom a call? It would **mean a lot to her**. 어머니한테 전화하는 건 어때? 많이 고마워하실 거야.

6

By any means necessary 어떻게 해서라도, 반드시

A Get their signatures on this contract **by any means necessary**!

B You got it, boss.

A 어떻게 해서라도 이 계약서에 사인 받아 와!
B 걱정 마십시오, 사장님.

7

Over my dead body! 내 눈에 흙이 들어가기 전에는 안 돼!

A Please, can I just go on one date with your sister? We'd make a great couple.

B **Over my dead body!**

A 제발, 네 여동생이랑 데이트하면 안 돼? 우린 예쁜 커플이 될 거야.
B 내 눈에 흙이 들어가기 전에는 안 돼!

8

Kudos 축하하다

Kudos on the new job, man. That's great!

새 직장을 구한 거 축하한다, 정말 잘됐어!

9

To play phone tag (어떤 사람하고) 전화가 계속 어긋나다

A We've been **playing phone tag** all afternoon, haven't we?

B We've been **playing phone tag** for days now.

A 우리 오후 내내 전화가 계속 어긋났어요, 그렇죠?
B 며칠째 어긋나고 있죠.

10

To have a falling out 사이가 나빠지다

A Did you and John **have a falling out**?

B You noticed, huh? He said some things that were not cool.

A 너 존이랑 사이 나빠졌니?
B 너 눈치 챘구나, 그렇지? 걔가 그냥 넘어갈 수 없는 말을 하더라고.

오늘의 표현 ⑫

동영상 강의

1

To ditch someone 누군가를 따돌리다

Let's **ditch** this goody-goody and hang out at the mall.

이 착한 척하는 애는 따돌리고 우리끼리 쇼핑몰에 가자.

2

To plug in (전원선 등을) 꽂다 / **To unplug** (전원선 등을) 빼다

Would you please **unplug** my laptop?

내 노트북 전원 좀 뽑아 줄래?

I forgot to **plug in** my iPhone last night, so it's all out of batteries now. 어젯밤 내 아이폰을 꽂아두는 걸 잊어버려서 지금 배터리가 없어요.

3

To not believe one's eyes 눈을 의심하다

Mark, is that really you? You've lost so much weight. I can **hardly believe my eyes**!

마크, 저거 정말 너야? 너 살 엄청 뺐구나. 내 눈을 믿을 수가 없어!

4

When in Rome, do as the Romans do.

로마에 가면 로마법을 따라야 한다.

A   People never look me in the eye in Korea.

B   It's considered rude here. **When in Rome, do as the Romans do.**

A   한국에서는 사람들이 내 눈을 똑바로 쳐다보지 않아.

B   여기서 그런 행동은 무례하다고 생각하기 때문이야. 로마에 가면 로마법을 따라야지.

5

> ## To canvass / To campaign 유세하다

The politicians have sure been **campaigning** a lot.
정치가들은 유세를 참 열심히 해 왔어.

6

> ## The flowers are blooming. 꽃이 피고 있다.

Soon the cherry blossoms will **be blooming** all across the country. 곧 전국에 벚꽃이 필 것이다.

7

> ## Spring has sprung. 봄이 왔다.

A The smell of spring is in the air. What a lovely day!
B Yep, **spring has** finally **sprung.**

A 공기에서 봄 냄새가 나. 날씨 너무 좋다!
B 그러게. 드디어 봄이 왔구나.

8

> ## Foodie 미식가

I'm not much of a **foodie.**
저는 미식가는 아니에요.

9

> ## It's a good fit. 나한테 딱 맞아요.

A How's the new job working out?
B I'm really enjoying it. **It's a good fit.**

A 새 직장에서 일하는 거 어때?
B 정말 재밌게 하고 있어. 나한테 딱 맞는 일이야.

10

> ## Man-to-man 남자 대 남자로 하는 이야기

I think it's time you had a **man-to-man** with your son. He's been getting into a lot of trouble lately.
댁의 아드님과 남자 대 남자로 얘기를 할 때가 된 것 같아요. 요즘 그 아이 말썽을 많이 부리고 있거든요.

오늘의 표현 13

동영상 강의

1

To drop out of school 학교를 자퇴하다

My brother **dropped out of** high **school** after his freshman year, but somehow managed to get into Harvard.

내 남동생은 고등학교 1학년 이후 자퇴를 했지만 어쨌든 하버드 대학에 들어갔다.

2

Buzzkill 분위기 깨는 사람

You're really not going to have a beer with us? Why are you always being such a **buzzkill**.

너 정말로 우리랑 맥주 마시러 안 갈 거야? 넌 왜 항상 그렇게 분위기를 깨니?

3

What's with you today? 너 오늘 왜 그래?

Why'd you yell at John like that? He was just kidding around. **What's with you today?**

너 왜 그렇게 존에게 소리를 질러? 그는 그냥 농담한 거잖아. 너 오늘 왜 그래?

4

To pick a fight 시비 걸다

A   Why are you trying to **pick a fight** with me?
B   I'm not. I just think it's a bad idea to wear a t-shirt to a job interview.

A   너 왜 나에게 시비 걸려고 하는 건데?
B   그런 거 아니야. 나는 그냥 티셔츠를 입고 면접 보러 가는 게 좋은 생각 같지 않아서 그래.

5

A mental breakdown 멘붕

This workload is killing me. I'm on the verge of **a mental breakdown**. 업무량이 많아서 죽을 것 같아. 멘붕이 오기 직전이야.

6

Don't jump to conclusions. 속단하지 마.

A I saw you with another woman yesterday! How could you?
B **Don't jump to conclusions.** That was my cousin.

A 너 어제 다른 여자랑 있는 거 봤어! 어떻게 그럴 수 있어?
B 속단하지 마. 내 사촌이었다구.

7

To busk 거리에서 공연하다

We went **busking** yesterday on the Boulder Mall.

우리는 어제 볼더 몰에 거리 공연 하러 갔었다.

8

To show someone the ropes (신입, 초보자 등에게) 요령을 가르쳐 주다

No one was around **to show me the ropes** when I started here. I pretty much had to fend for myself.

내가 여기서 일을 시작할 때 주위의 누구도 요령을 가르쳐 주지 않았다. 나는 꽤 많은 것을 혼자 해내야 했다.

9

To impose (on someone) 폐를 끼치다

I'm really sorry we just stopped by without notice like this. I really hate **to impose**.

이렇게 말도 없이 들러서 정말 미안해요. 폐 끼치는 거 정말 싫어하는데.

10

To meet one's match 임자 만나다

I thought John was stingy, but now it looks like he's **met his match**. Sara cuts her own hair to save money.

나는 존이 구두쇠라고 생각했는데 이제 임자를 만난 것 같다. 사라는 돈을 아끼려고 머리도 직접 자른다.

유용한 영어 숙어와 속담

MP3 강의

1

It's stifling. / It's stuffy. 답답하다.

Summers in Korea are so humid. **It's really stifling.**

한국의 여름철은 매우 습해요. 정말 숨이 턱턱 막히죠.

2

I feel tied down. 난 얽매여 있다. / I feel trapped. 구속되어 있다.

I feel so **tied down** where I'm working now.

나는 지금 하는 일에 몹시 얽매인 느낌이 들어.

3

Oh, poor ~. ~가 불쌍하다.

My girlfriend dumped me today, plus I missed the last bus home. Don't you feel sorry for me? **Oh, poor me.**

내 여자 친구가 오늘 나를 차 버렸어. 거기다 집에 가는 막차까지 놓쳤지. 너는 내가 불쌍하지도 않냐? 나 정말 불쌍하지?

4

Now we're even. / This makes us even. 우린 피장파장이다.

You bought me a coffee yesterday so I'll pick up this taxi ride and then **we'll be even.**

어제 네가 커피 샀으니까 이 택시비는 내가 낼게. 그럼 피장파장이지.

5

Be really into ~ / Be obsessed with ~ ~에게 푹 빠지다

He's **really** not that **into you**, I think you need to move on.

그는 너에게 푹 빠진 게 아니야, 그 사람은 잊어버려야 할 것 같아.

6

To stand someone up 펑크 내다, 바람맞히다

You really shouldn't **stand people up** like that. It's bad
manners.   너 그런 식으로 사람들을 바람맞히면 안 돼. 그건 정말 안 좋은 매너야.

7

To cheat on someone 바람피우다

A   Why did you break up with her? I thought you two made a
    great couple.
B   I found out she was **cheating on me** with my best friend.

A   너 그녀와 왜 헤어졌어? 난 너희가 천생연분인 줄 알았어.
B   그녀가 내 제일 친한 친구와 바람피우는 걸 알게 됐거든.

유용한 영어 숙어와 속담 2

MP3 강의

1 To be one step behind 한발 늦다

I feel like our company is always running **one step behind** the competition. 난 우리 회사가 항상 경쟁에서 한발 늦는 것 같다.

2 Pleasure follows pain. / No pain, no gain. 고진감래

Things are difficult now, but I just keep reminding myself that **pleasure** inevitably **follows pain.**

지금은 상황이 어렵지만 나는 그저 고생 끝에는 반드시 낙이 온다는 말을 되새길 뿐이다.

3 It's icing on the cake. 금상첨화

Meeting a beautiful girl on the day I got a raise—**it's** just like **icing on the cake.** 월급이 오른 날 아름다운 여자를 만났다. 이건 금상첨화다.

4 That's news to me. 금시초문

You're telling me that the performance is cancelled? **That's news to me!** 그 공연이 취소됐다는 말이야? 금시초문인데!

5

> **Misery loves company** 동병상련

A   Now that I found out the other students came down with a cold too, I feel a little better.

B   I guess **misery** really does **love company.**

A   이제 다른 학생들도 감기에 걸렸나 봐, 기분이 한결 낫군.

B   아마 동병상련이겠지.

6

> **The grass is always greener** (on the other side of the fence).
> 남의 떡이 더 커 보인다.

A   The Johnsons seem to be so happy and carefree compared to us.

B   Maybe **the grass is** just **greener** on the other side of the fence.

A   존슨 씨는 우리에 비하면 매우 행복하고 걱정 없어 보여.

B   남의 떡이 더 커 보이는 걸 거야.

2011년

2012년

2012년

2013년